手編みのソックス

BASIC

E

Gの色と素材を変え、
地模様をしっかり
浮き立たせて
アラン風に

HOW TO KNIT ... p.50

CONTENTS

BASIC
A ～ I　p.4 ～ 11　HOW TO KNIT　p.40 ～ 50

VARIATION
J ～ W　p.81 ～ 104　HOW TO KNIT　p.51 ～ 80

……………… etc.

ソックスの編み方　p.12 ～ 32

A タイプ　●かかと 1、2、3　●つま先 1、2、3、4
B タイプ　●かかと 1、2、3　●つま先

編み始める前に　p.33

はじめに

編み物の歴史の中で、とても古くから編まれていたソックス。
歩くため、または防寒や装飾のため、
ソックスは必要不可欠なアイテムだったのでしょう。
長い時間をかけて、さまざまな地域で色柄やテクニックが発展して、
今では世界各地の多種多様な個性的なソックスを見ることができます。
つま先から編み出す方法や、変わった輪に編む方法などなど、
次々と現われていることからも、たくさんの人が、
ソックスを好んで編んでいることがうかがえます。
基本のかかとやつま先の編み方で、まずは編みながらカタチになる楽しさ、
そして、はく楽しさを味わってください。
また、ヨーロッパの伝統ニットをベースにアレンジした、
個性的でノスタルジックな形や柄、テクニックのソックスも加えました。
自分のために、誰かのために、ソックスを編みたいときに、
参考にしていただける一冊になれば幸せです。

嶋田俊之

A

基本のソックス。
かかとは引返し編み、
つま先は両サイドで
目を減らして
形作ります

HOW TO KNIT ... p.40

B

もう一つの基本の
ソックス。
かかとはボックス型、
つま先は均等に
目を減らして
HOW TO KNIT … p.42

C

p.4 のAのかかと、
p.5 のBのつま先で。
全体をメリヤス編みにし、
はき口、かかと、つま先に
アクセントカラーを
使って

HOW TO KNIT ... p.50

D

Cとおそろい。
足底サイズ約 11cmの
子ども用。
糸を替えて出産祝にも

HOW TO KNIT ... p.50

C

はき口の
２重に編んだ
メリヤス編みが、
くるんと丸まって

HOW TO KNIT ... p.50

A

足首は表編みと
裏編みだけの
模様編み。
心地よく
フィットします
HOW TO KNIT ... p.40

10

同じ模様でファミリーの
ソックスを編みました。
かかとはボックス型に引返し編みの
かかと底をつけた形です

F

足底サイズ 約12㎝の
子ども用
HOW TO KNIT ... p.48

G

レディスサイズ
HOW TO KNIT ... p.44

H

足底サイズ約15.5㎝の
子ども用

HOW TO KNIT … p.48

I

メンズサイズ

HOW TO KNIT … p.46

ソックスの編み方

ソックスの編み方には、かかととつま先の様々な編み方の違いがあります。
ここでは、その代表的なものをいくつかご紹介します。それぞれ編みやすさ、
はき心地に違いがありますので、お好きな形を組み合わせて編むといいでしょう。

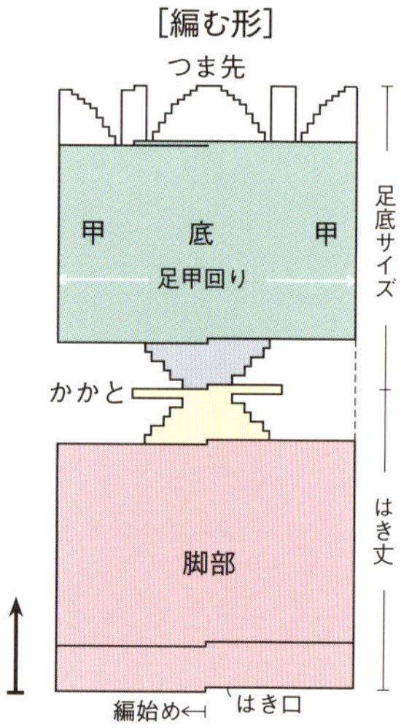

A－つま先 1

……… p.23

両サイドで
均等に減らす方法

A－つま先 2

……… p.25

両サイドで減らしながら
左右をつけた方法

A－つま先 3

……… p.25

親指を分けた足袋形

A－つま先 4

……… p.25

5本指に分けた形

A－かかと 1

……… p.15

引返し編みの方法

A－かかと 2

……… p.19

引返し編みの別の方法、
wrap & turn の１例

A－かかと 3

……… p.22

引返し編みの別の方法、
かかと１の段数違い

かかとは、引返し編みで形を作ります。市販の靴下のかかとと同じように斜めのラインが入ります。編み残す引返し編みと、編み進む引返し編み、その間に段消しを編んで穴があいたりしないように編むのがポイント。つま先は、両サイドで減らし目をして形作ります。各部の名称はp.29を参照してください。p.4と同型

Aタイプ、Bタイプのプロセス用ソックス

《材料》ホビーラホビーレ　セサミフォープライ（並太タイプ）の赤（01）、青（02）、黄色（03）、緑（04）、グレー（05）、生成り（07）　各色少々（合わせて１足分 80g）

《用具》８号（作り目のみ）、５号４本または５本棒針

《ゲージ》22 目 30 段が 10 ｃｍ四方

《でき上り寸法》はき丈約 22cm、足底サイズ約 22cm、足甲回り約 22cm

B
タイプ

[編む形]

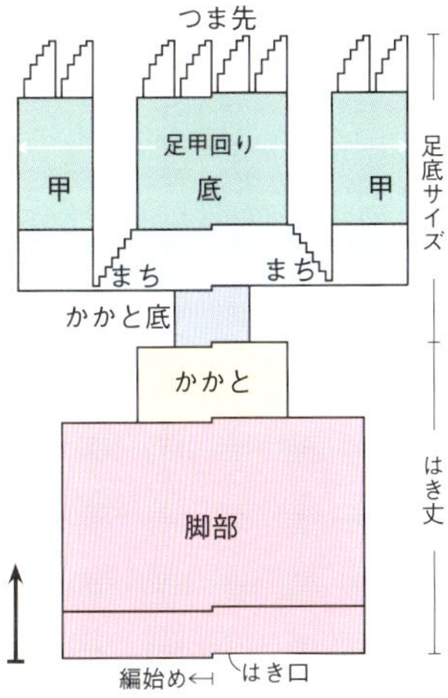

B－かかと１
……… p.26
ボックス型のかかと＋
四角いかかと底

B－かかと２
……… p.30
ボックス型のかかと＋
引返し編みのかかと底

B－かかと３
……… p.31
ボックス型のかかと
（台形タイプ）

B－つま先
……… p.32
均等に減らす形
（８等分）

かかとは、全目数の 1/2 でかかと、続いてかかと底を編みます。かかとをボックス型に編むタイプです。ボックス型の作り方に様々な方法があります。つま先は全目数を均等に分けて、紡錘形に減らしていく形です。各部の名称は p.29 を参照してください。p.5 と同型

【Aタイプの編み方】

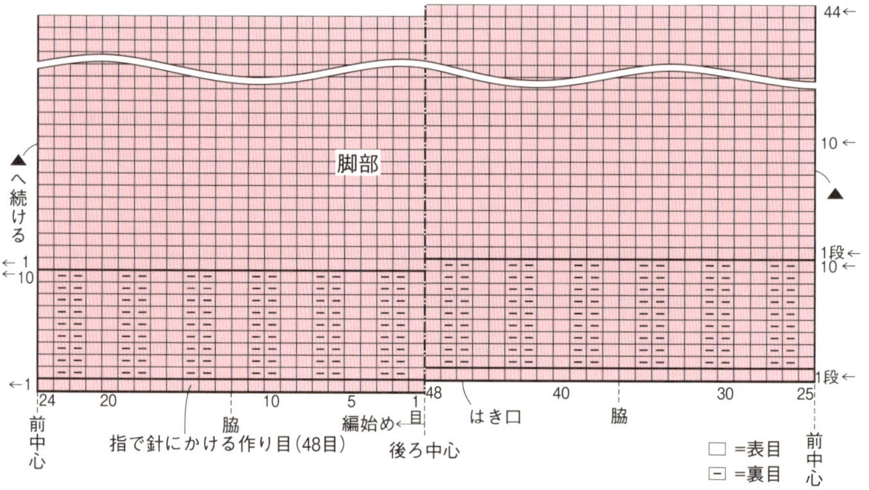

はき口から足首まで

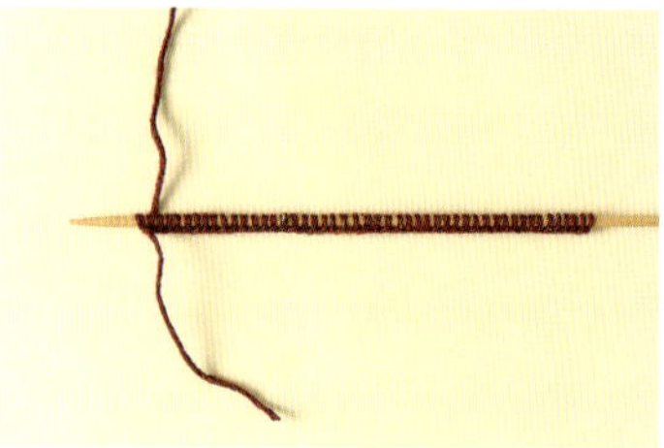

1　作り目。本体を編む棒針より、2～3号ほど太く、長い棒針を使い、指で針にかける作り目（p.34参照）で48目作ります。

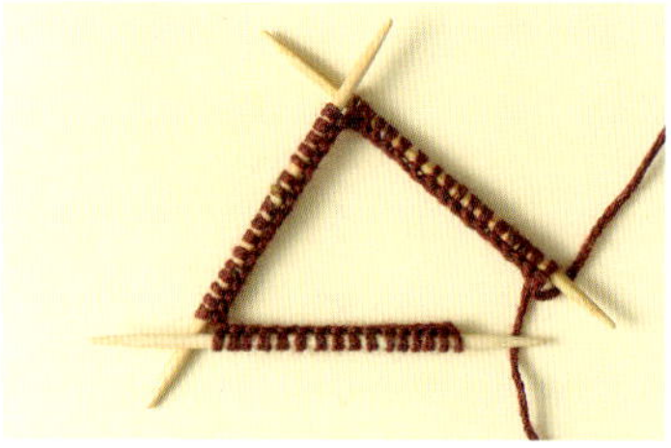

2　本体を編む棒針に移し替えて分けます。4本組みなら3本に各16目ずつ、5本組みなら4本に各12目ずつ分けます。

3　作り目の始めの目側を左手に持ち、終りの目側を右手にして輪に編みます。この位置が後ろ中心です。最初の目は表編み1目編みますが、すきまがあかないように引き締めます。以後、棒針と棒針の境目はゆるみがちなので、糸を引き締めて編みます。

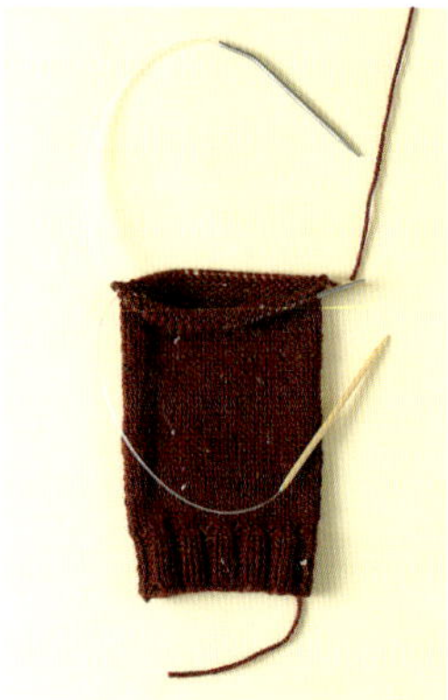

小さな輪を編むときに輪針を2本使って編むと境目が減り、編み針の交換が少なくなるので、能率的で編みやすいという人もいます。

4　次の目からは、裏目2目、表目2目を繰り返し、ぐるぐると2目ゴム編みを編みます。

5　2目ゴム編み10段、メリヤス編み（表編みだけを編み続ける）を44段編みます。

● A－かかと 1 ●　引返し編みの方法

かかとの深さは約 3.5㎝、全体の目数の 1/2（＝24 目）をかかとの目数にし、さらに引返し編みでその 1/3（＝8 目）をかかと頂点に残した、バランスのいい形。

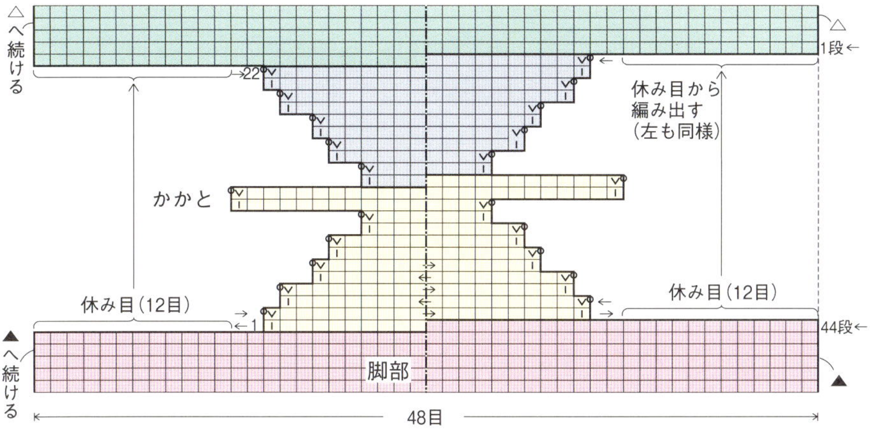

編み残す引返し編み

1　かかとを編むために目を取り分けます。甲側に全体の 1/2（24 目）を休ませます。休ませるための道具もありますが、写真のようにとじ針を使って別の毛糸を通しておくほうが、他の部分も編みやすく、境目の目に負担がかからず、ゆるまなくていいでしょう。残りのかかと側の目は 12 目ずつに分けておきます。

2　後ろ中心から編み始め、表編みで左端から 2 目手前まで、10 目編みます。

3　編み地を持ち替え、裏を見ながら、今度は裏編みで戻りますが、最初はかけ目をします。

4　次の目は右針に移すだけ（すべり目）にします。

5　その後、裏編みで左端 2 目手前まで編みます。

6　編み地を持ち替えてかけ目、すべり目をしますが、端ではかけ目ができないので、ここでは糸を手前に持ってきておき、次の目をすべり目にします。

7　次の段の表目を編みます。

▸▸▸▸▸

8 編み方図を見ながら目を編み残し、かけ目、すべり目を編みます。表側の５段めの編終り側です。

9 裏側の６段めの編終り側です。

10 編み残す引返し編みが終わりました。

段消し

11 段消しの１段め。すべり目まで編みます。

12 かけ目をとばして次の目に針を入れます。

13 かけ目と一緒に左上２目一度に編みます。

14 以後、かけ目の位置では、かけ目と次の目を左上２目一度に編み、左端まで編みます。

15 戻るときには、かけ目、すべり目をして裏編みで戻ります。

16 裏編みの引返し編みの位置でも段消しをします。始めのかけ目が出てくるまでは、裏編みを編みます。

17 かけ目とその次のすべり目を２目一度に編みますが、裏編みの右上２目一度なので、目を入れ替えてから、右から２目に針を入れて裏編みにします。写真は目を入れ替えたところ。

18 これを繰り返して表側のときと同じように裏側の左端まで編みます。

19 次からは編み進む引返し編みですが、15と同じように、持ち替えたら、かけ目、すべり目をして戻ります。

編み進む引返し編み

20 後ろ中心から4目先まで編みます。

21 持ち替えて、かけ目、すべり目をして戻ります。

22 裏編み側も後ろ中心から4目編み進みます。

23 持ち替えてかけ目、すべり目で表編み側を戻り、後ろ中心から6目先まで編みますが、途中に **21** で編んだかけ目とすべり目があるので、段消しをします。まずすべり目を普通に編みます。

24 かけ目と次の目を左上2目一度に編みます。

25 裏編みの段もほかの段消しと同じように、すべり目を編んで、次のかけ目とその次の目を入れ替えて裏編みの2目一度を編みます。

26 **21～25** を編み方図のとおり繰り返してかかとのふくらみができました。p.39 に引返し編みの図解を入れましたので参照してください。

甲と底を続ける

27 次に甲と底を続けて輪に編むので、休めておいた目を棒針に戻します。

28 この１段めで、最後に残った段消しと、かかとと甲の境目の段消しをします。これをしないと穴があきます。かかとから甲に進む位置では、まずすべり目を編みます。

29 かけ目と次の目を左上２目一度に編み、次の目を表目で編みます。

30 かかとと甲の境目に残ったかけ目と甲側の最初の目を左上２目一度に編みます。

31 甲のメリヤス編みからかかとに移る位置でも段消しをします。かけ目とその手前の目を右上２目一度に編みます。

32 裏側からかけ目を引っ張っています。

33 段消しをしながら甲と底の１段めが編み終わりました。このままメリヤス編みでつま先の位置まで編みます。

●A－かかと 2● 引返し編みの別の方法、wrap & turn の１例

海外の編み方に見られる引返し編みの方法。編み残す引返し編みと編み進む引返し編みの境目が少し目立つので、毎回同じ目数の引返し編みがおすすめです。

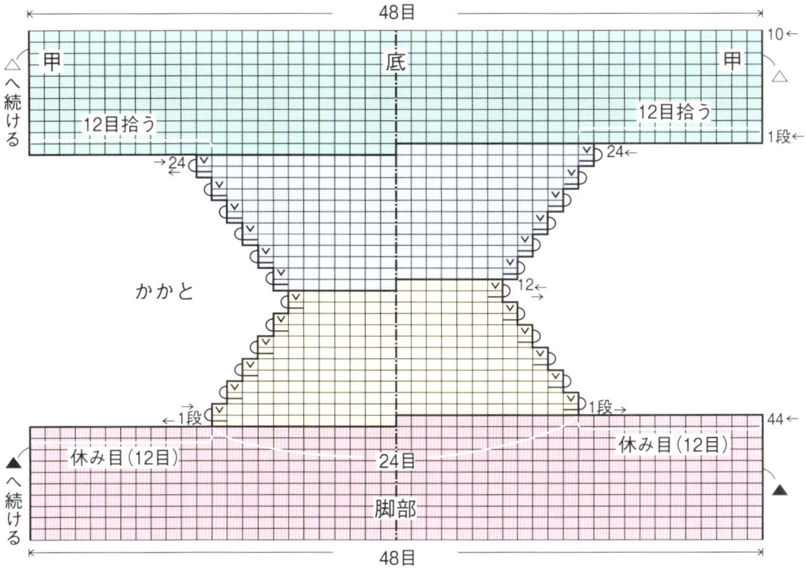

編み残す引返し編み

1 かかとの位置まで編んだら甲側 24 目を休ませます。かかと中央から編み始めます。

2 かかと左端側は、最後の 1 目手前まで編み、糸を手前に回しておきます。

3 次の目はすべり目にして右針に移します。

4 編み地を持ち替えて、最初の目はすべり目、次の目を裏編みにしますが、このとき、最初にすべり目をした目の根元を巻くようにして糸を回して編みます。

5 裏編みの編終り側では、1 目手前まで編んだら糸を向う側へ出します。

6 最後の目（次の目）はすべり目にします。

7　2段めの編始めは、1目めはすべり目、次の目を表編みにしますが、このとき、1目めのすべり目の根元を巻くようにして糸を回して編みます。

8　同様に左右で6回繰り返し、6目がラップされ、引返し編みされています。中央から左側は6目は残っています。

9　左右の引返し編みが終わりました。

編み進む引返し編み

10　編み進む引返し編みの1段め。まず表編みで6目編みます。

11　次のすべり目と、その根元に巻いてある糸を引き上げて2目一度に編みますが、表面に巻いた糸が出ないように針を入れて編みます。

12　糸を手前に回して次の目をすべり目にします。

13　すべり目にした目の根元に巻きつけるように糸を回します。ここで1目に2本の糸が巻かれます。

14　すべり目、裏編みで戻ります。中央から6目編みます。

15　7目めの根元に巻きつけた糸を引き上げ、7目めと2目一度の裏編みにします。このとき、表面にラップした糸が出ないように針を入れます。

16 糸を向うへ回し、次の目をすべり目、糸を手前に戻します。

17 すべり目をし、次の目から表編みで戻ります。

18 中央から７目編みます。

19 ８目めを編むときに、目の根元に２本巻きついているのを引き上げ、３目一度のように編みます。このとき、巻きついている２本が表面から見えないように編みます。次の目をすべり目にし、巻きつけて戻ります。

20 裏編みの段も、表編みの段と同じように、すべり目の手前まで編みます。

21 すべり目の目は、根元に２本巻きついている糸を引き上げて、３目一度のように裏編みをしますが、表面にこの糸が出ないように編みます。

22 編み進む引返し編みの最後の段を編む前に休ませていた目を棒針に拾っておきます。引返し編みが終わった状態。

23 かかとの両端では、最後の引返しで、休めた目にラップしています。これを甲と底の１段めを編むときに引き上げて２目一度のように編みます。

巻いた糸の引上げ方

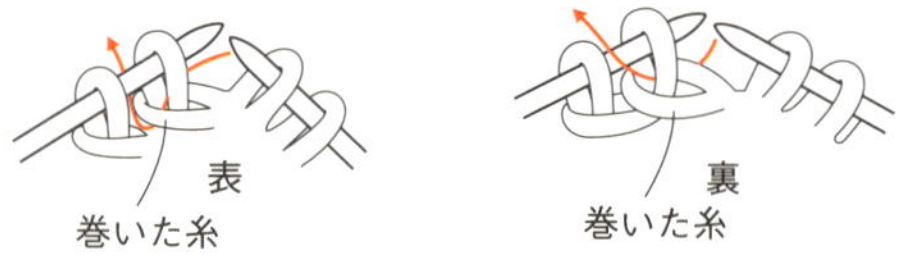

24 甲の最後の目にもラップしています。

25 この目を引き上げて２目一度に編みます。

26 wrap & turn のかかとのでき上り。

● A − かかと３ ●　引返し編みの別の方法、かかと１の段数違い

Ａのかかと１と同じように足首の全目数（48 目）の 1/2（24 目）をかかと分にし、引返し編みでその 1/3（８目）をかかと頂点に残した形ですが、１目ずつ引返したので、かかとが深くなりすぎました。

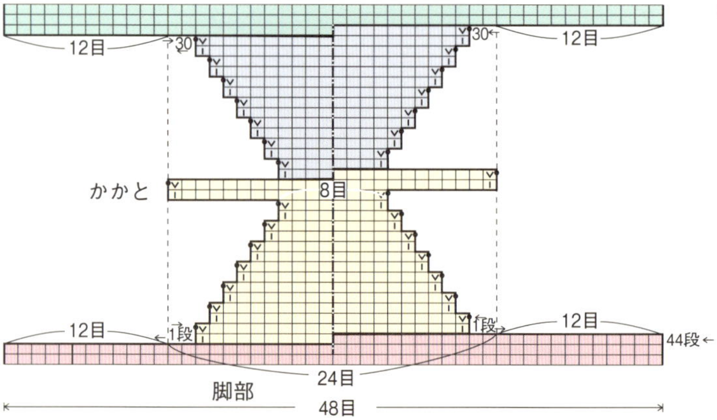

引返し編みの違いによるかかとの形の違い

引返し編みでかかとを編む際には、かかと２やかかと３のように、均等な目数で引返し編みを繰り返すほうが編みやすいのですが、かかと部分が広すぎたり（かかと２)、かかとが深くなりすぎて（かかと３)、フィット感が欠けることがあります。

A − かかと１

A − かかと２

A − かかと３

A－つま先1　両サイドで均等に減らす方法

編み目を甲側と底側に2等分し、左右対称に目を減らします。平らなつま先になります。

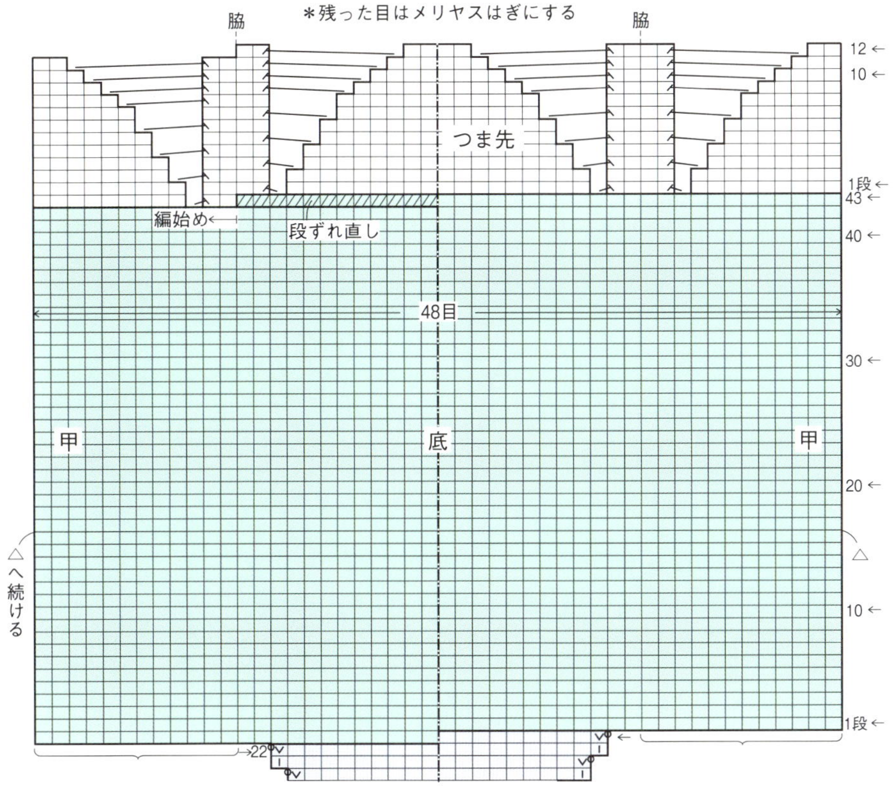

□ =表目
⋏ =左上2目一度
⋏ =右上2目一度

1　つま先に入る位置で、底中央から12目ずつ4本に目を分けます。

2　今、糸は底中央にありますが、減し目はサイドから始めたいので、12目編んで、段のずれを調整します。

3　甲側の最初は、1目編み、次の2目を右上2目一度に編みます。

4　甲側の左側は、3目手前まで編みます。

5　左上2目一度を編みます。次の目はそのまま表編み。

6　甲側、底側ともに両サイドで減目します。

7　次の段は増減なく編み、次の段で減らすを繰り返して８段まで編みます。

8　減目位置は４目立った状態です。

9　次の段からは毎段４か所で減らし、全部で16目になるまで減らします。

10　メリヤスはぎをするために目を２本の針に通します。

11　端の目を重ねてメリヤスはぎをします。

12　メリヤスはぎのでき上り。

つま先のメリヤスはぎ

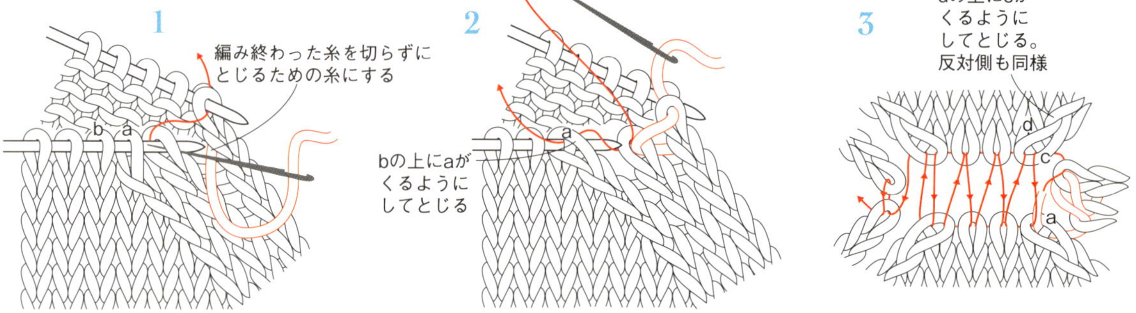

dの上にcが
くるように
してとじる。

《ゲージ違いの４形》

● A－つま先１'●　両サイドで均等に減らす方法（A－つま先１のゲージ違い）

＊残った目はメリヤスはぎにする

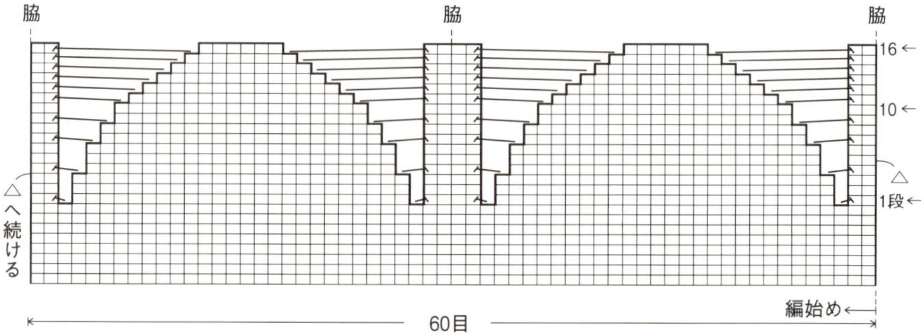

● A－つま先 2 ●

両サイドで減らしながら左右をつけた方法

足の指の輪郭に合わせて内側と外側のカーブを変えたつま先です。

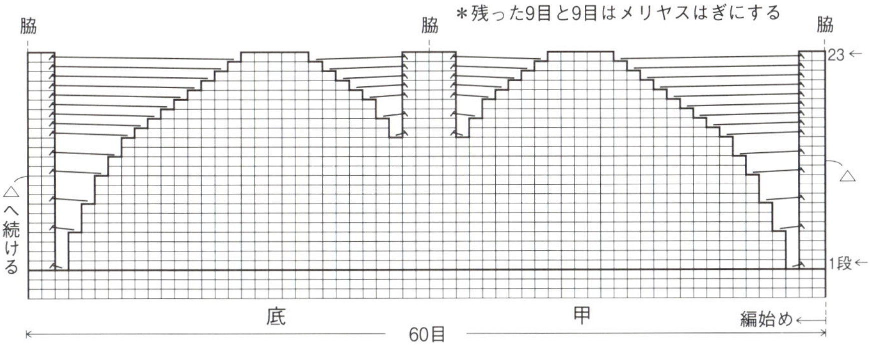

● A－つま先 3 ●

親指を分けた足袋形

親指とその他の指を分けて編みます。

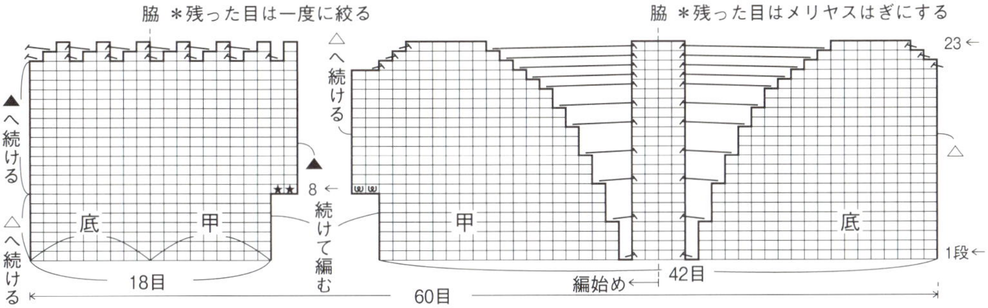

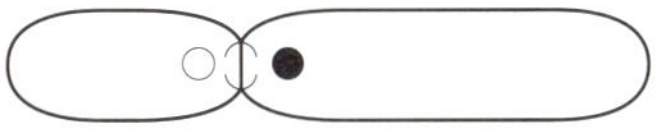

●=2目巻き増し目で目を作る
○=2目巻き増し目から目を拾う ★★

● A－つま先 4 ●

5本指に分けた形

5本指の手袋を編む要領で編むと、足指にもフィットします。

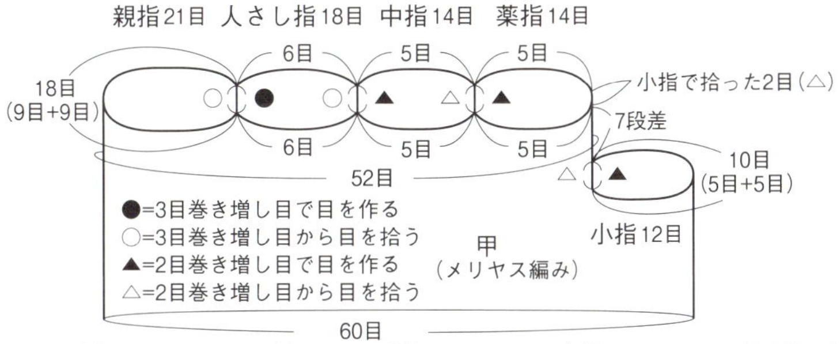

小指→5+5+2=12目を輪にして11段編み
12段めで2目一度を6回して6目にし、
一度に絞る

薬指→5+5+2+2=14目を輪にして10段編み
11段めで2目一度を7回して7目にし、
一度に絞る

中指→5+5+2+2=14目を輪にして13段編み
14段めで2目一度を7回して7目にし、
一度に絞る

人さし指→6+6+3+3=18目を輪にして16段編み
17段めで2目一度を9回して9目にし、
一度に絞る

親指→9+9+3=21目を輪にして17段編み
18段めで1目おきに2目一度を7回して14目にし、
19段めで2目一度を7回して7目にし、一度に絞る

A−つま先1′、2、3、4

《材料》てをりやオリジナルウール（中細タイプ）で1′は甘茶色（214）、2は茶色（429）、3は紫（238）、4はこげ茶色（215）それぞれ15g

《用具》3号4本または5本棒針　**《ゲージ》**28目40段が10cm四方

《でき上り寸法》足甲回り約21.5cm

【Bタイプの編み方】

はき口から足首まで

Aタイプと同じなので、
p.14の1～5を参照してください。

●B－かかと1● ボックス型のかかと＋四角いかかと底

足首の目数を甲と底側に半分ずつに分け、底側をまっすぐかかとの丈の長さに編み、さらにその半分の目数でかかと底を編みます。かかとが箱型になる編み方です。まち分があるのでゆとりが入ります。

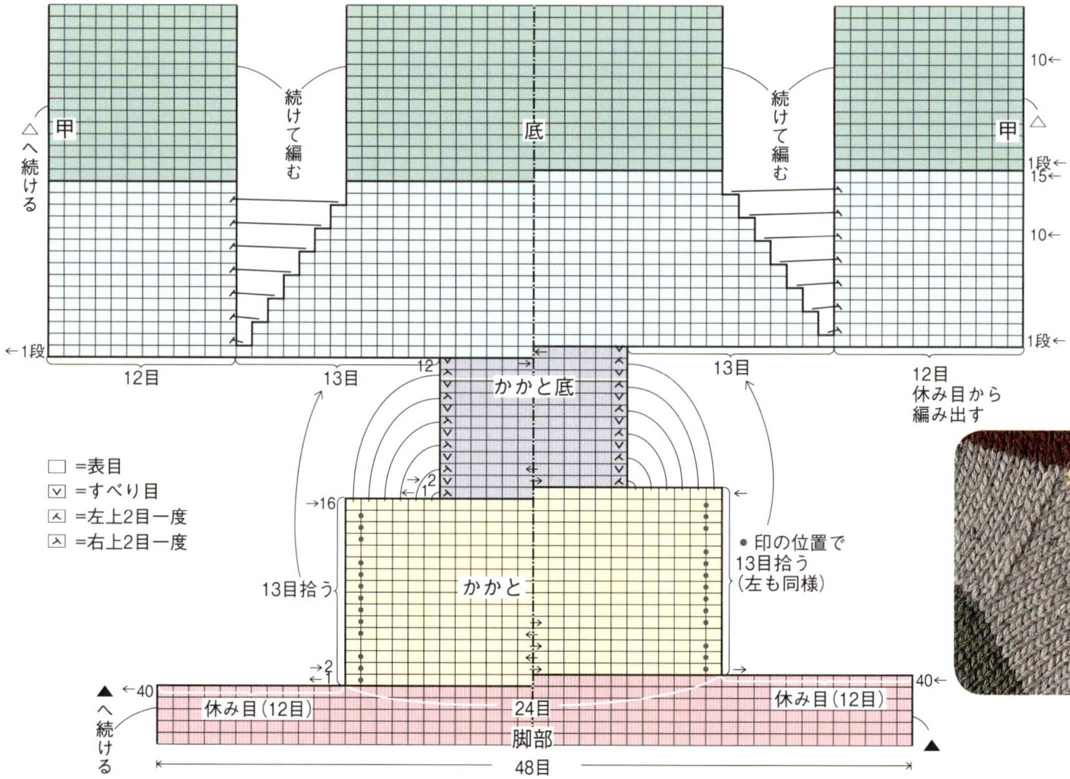

かかと丈を編む

1　かかとの手前まで編みます。

2　甲側 24 目を休ませて、底側 24 目を 16 段編みます。

かかと底を編む

3　かかと中央から 5 目編みます。

4　6 目めと 7 目めを右上 2 目一度に編みます。

5　裏編みで戻りますが、最初の目はすべり目にします。

6　かかと中央から 5 目編みます。

7　次の 6 目め 7 目めに続けて針を入れます。

8　裏編みの左上 2 目一度を編みます。

9　持ち替えて最初の目はすべり目にします。

10　同じように 6 目めと 7 目めの 2 目一度を 5 回繰り返します。
かかとの両脇の目が編み終わりました。

まちを編む

11 かかと丈の両端の目の1目内側に、表編みをするように針を入れます。

12 表編みと同じように糸をかけ、引き出します。

13 かかと丈の16段から均等になるように、全部で13目拾います。

14 甲側の休めておいた目を編み、反対側のかかと丈の脇からも13目拾います。

15 1段めが編み終わったところ。かかとがボックス型になりました。

16 2段めから、かかと編始め位置と甲の境目で減目をします。

17 かかと編始め位置から甲への境では、左上2目一度に編みます。

18 反対側の甲からかかと編始め位置への境では、境目の2目手前まで編みます。

19 次の２目を右上２目一度に編みます。

20 底側の目が減るように、２段ごとに減目をしていきます。右側

21 かかと側の目が減るように、２段ごとに減目をしていきます。左側

22 右側のまち

23 左側のまち

各部の名称

A タイプ …… p.12

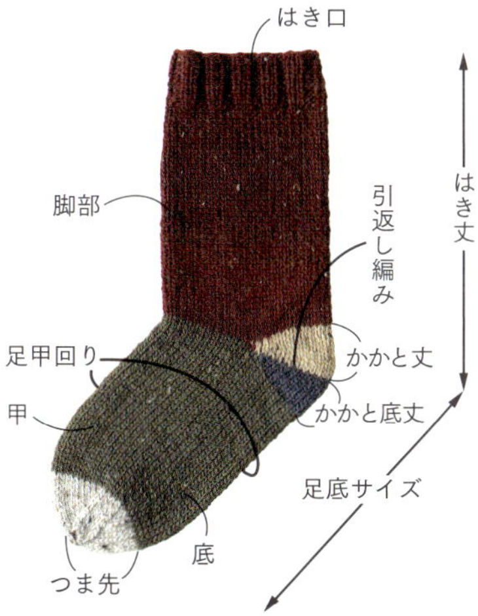

B タイプ …… p.13

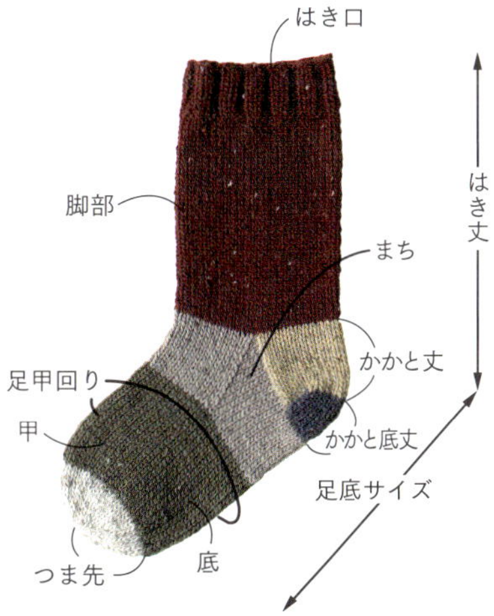

●B−かかと２● ボックス型のかかと＋引返し編みのかかと底

Ｂのかかと１の応用型。かかと底の部分を引返し編みにするので、四角いかかと底より丸みのあるかかとに仕上がります。

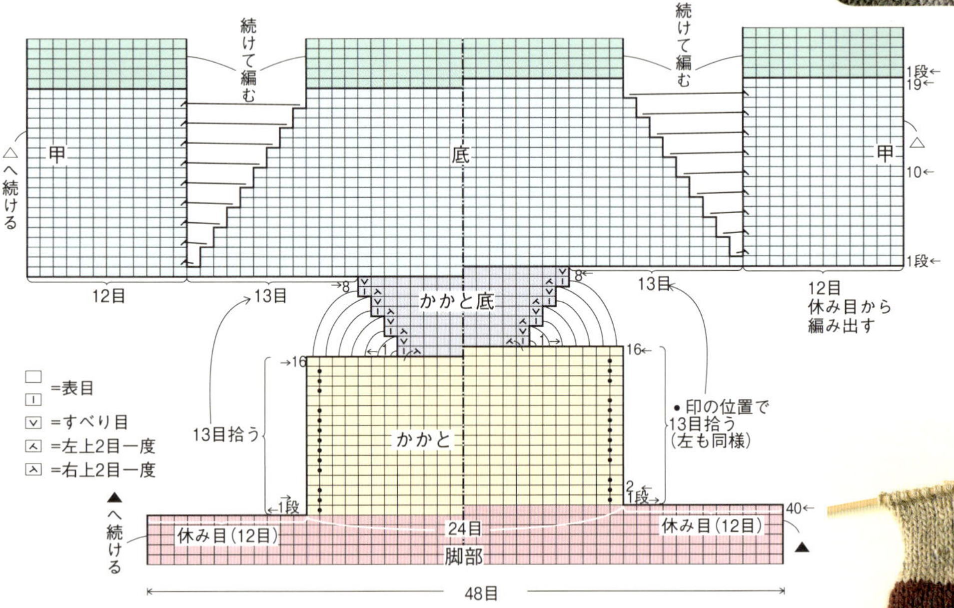

かかと底を編む

1 p.26 Ｂのかかと１と同じにボックス型のかかと丈まで編みます。

2 かかと底は、まずかかと中央から３目編みます。

3 ４目めと５目めを右上２目一度に編みます。

4 次の目を編みます。

5 持ち替えて最初の目をすべり目にして裏編みで戻ります。

6 かかと中央から３目先まで裏編みをします。

7 ４目めと５目めで裏編みの左上２目一度を編みます。

8 次の目を編みます。

9 持ち替えて最初の目はすべり目にします。

10 表編みですべり目の手前まで編みます。

11 すべり目の目と次の目を右上２目一度にして編み、次の目を編みます。

12 裏編みの段も同様に、すべり目の手前まで編みます。

13 すべり目と次の目に針を入れます。

14 左上２目一度を編みます。

15 続いて次の目を編みます。

16 同じように引返し編みを編みながらかかと底を編みます。以後はp.28と同じようにまち分の目を拾い、編みます。

● B－かかと 3 ● ボックス型のかかと（台形タイプ）

かかと丈を台形になるように編みます。かかと底は編まずに、すぐまちの拾い目をします。

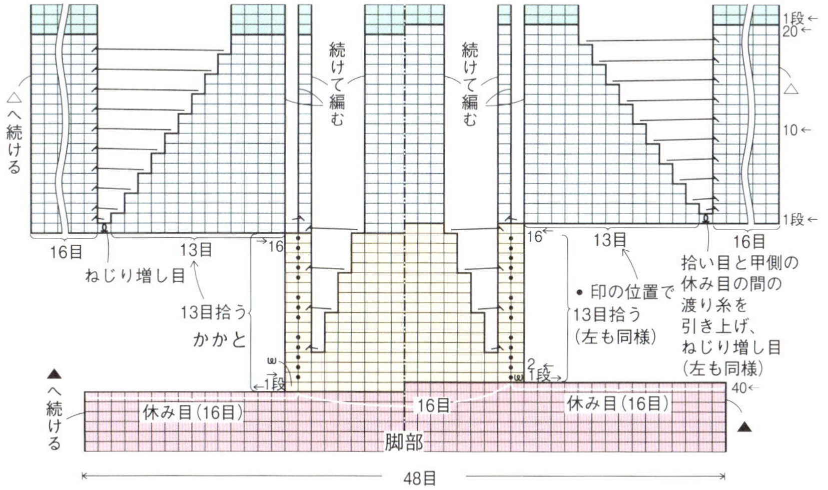

=表目
=巻き目
=ねじり増し目
=左上2目一度
=右上2目一度

B–つま先

均等に減らす形（8等分）

つま先の目数を８等分にして、減らしていく形。最後に残った目は、一度に絞ります。全体を棒針４本に分けて編みます。目数によっては、６等分や１０等分にすることもあります。

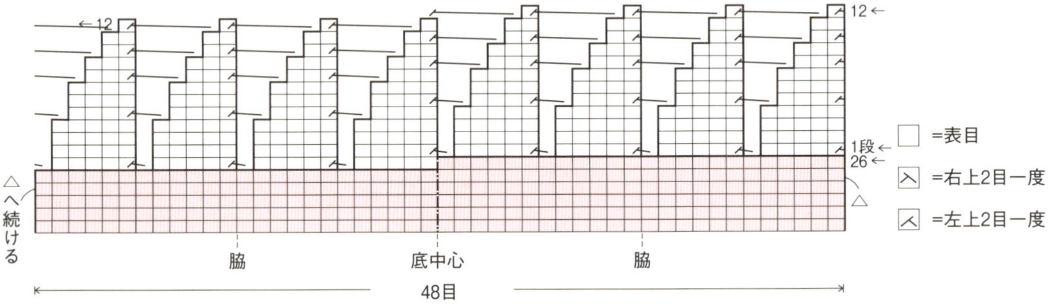

1　つま先の手前で目数を均等に４本の針に分けます。

2　底中央から５目編みます。

3　次の６目めと７目めを左上２目一度に編みます。

4　次からは、編み方図のように均等に減らしていきます。

5　残りが８目になるまで減らします。

6　残った目にとじ針で糸を通し、引き締めます。

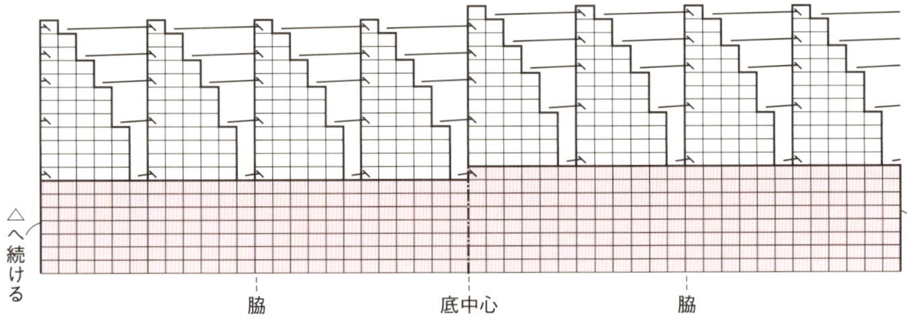

対称形の減し方

編み始める前に

【ゲージ】

ゲージでは、10㎝四方の目数と段数を示しています。まず指定の糸と針を使って、メリヤス編みで15㎝四方くらい試し編みをします。スチームアイロンなどで目を整え、できるだけ中央部の10㎝の目数と段数を数えます。そこで、作品のゲージの数字より少なかったらもっと細い針に替え、逆に多かったらもっと太い針に替えて、指定のゲージに近づくように編み直してください。

作品は、表示のゲージで割り出されたサイズを記しています。

ソックスは、ウェアよりもしっかりめに編むほうがフィット感がいいので、各作品もややきつめに編んであります。

【サイズの調整】

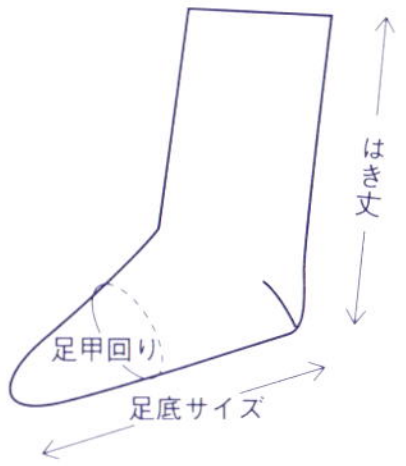

でき上り寸法表示はすべて“約”です。はいたときの伸び分を考えて、10％控えた寸法にしてあります。そのことを前提にしたうえで、サイズの調整をしてください。はき丈、足甲回り、足底サイズは、図の位置をはかっています。

●はき丈や足底サイズは段数を変えて調整してください。柄のある場合は、はめ込み方に注意してください。

●足甲回りは、目数を増減するか、針の号数を変えて調節してください。柄のある場合の目数の増減は、はめ込み方に注意してください。

手編みの靴下は、既製品に比べ、伸縮性がやや乏しいため、でき上りの表情、サイズが、若干大きく感じられます。

【用具】

ソックスは、基本的に輪に編んでいるので、棒針は４本、もしくは５本の短めの針を使用します（作り目以外）。

【材料】

カラーページで片足だけのものも、材料は１足分を示してあります。重さはすべて“約”です。多少多めの分量を用意することをおすすめします。

【編み方図】

基本的に右足を図にしています。左右が異なる場合は、そのつど記載しました。

【色】

掲載作品の色は印刷物のため、また、糸自体のロットの関係で、実際の糸とは多少異なる場合があります。

作り目

指で針にかける作り目

①
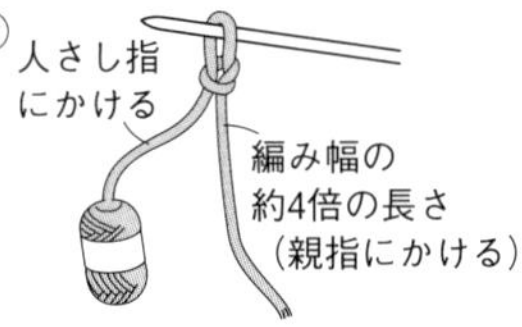

1目めを指で作って
針に移し、糸を引く

②
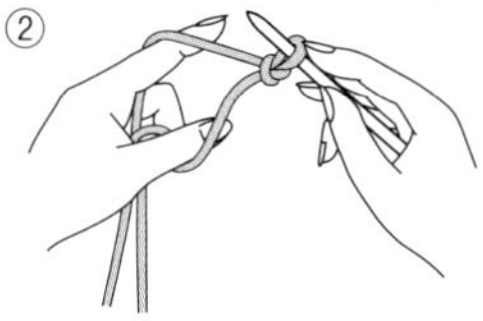
親指側に短い糸をかける。
1目め

③
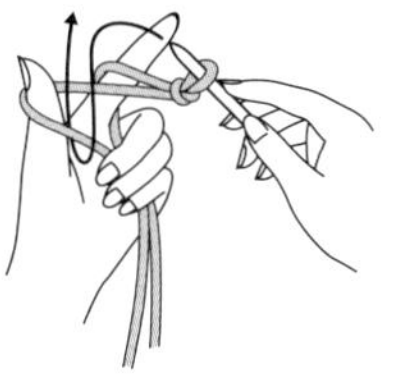
親指側から矢印の
ように針を入れる

④
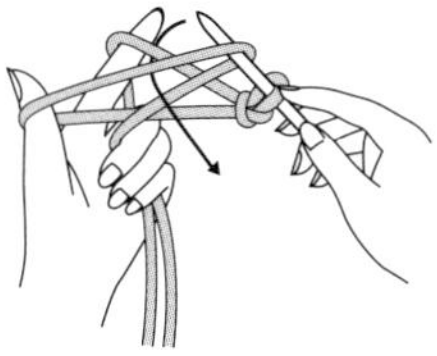
人さし指にかかって
いる糸を針ですくう

⑤
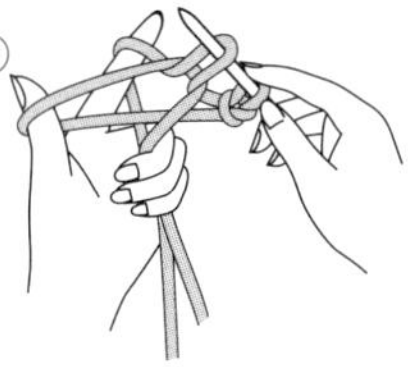
糸を引き出す

⑥
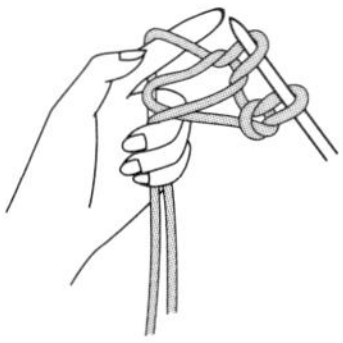
親指をはずす

⑦
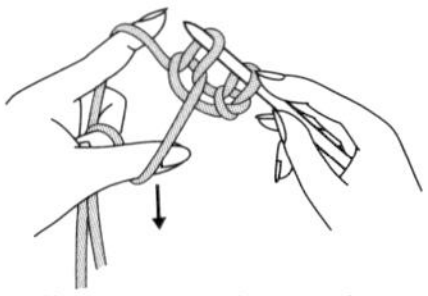
親指をかけて糸を下方に
引く。2目めのでき上
り。③〜⑦を繰り返す

⑧
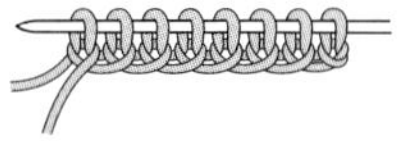
必要目数のでき上り。
この棒針を左手に持ち
替えて2段めを編む

別鎖の作り目

①
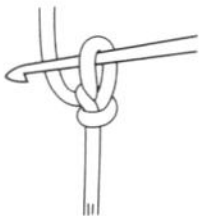
編み糸に近い太さの
木綿糸で鎖編みをする

②
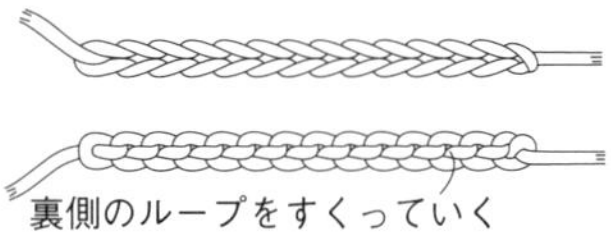

ゆるい目で必要目数より
2〜3目多く編んでおく

③
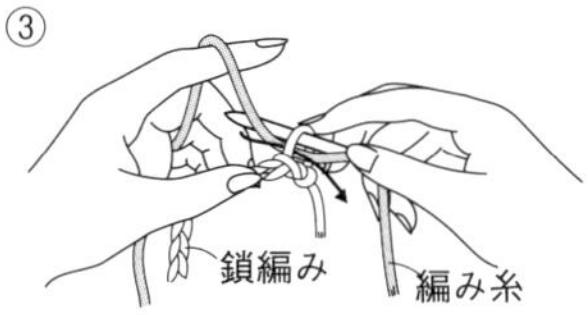

編み糸で鎖の編始めの
裏の山に針を入れる

④
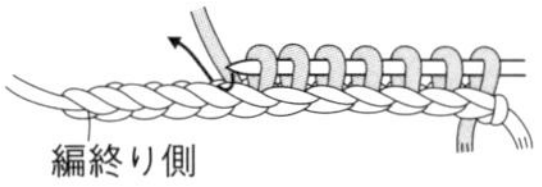

必要目数を拾う

別糸のはずし方

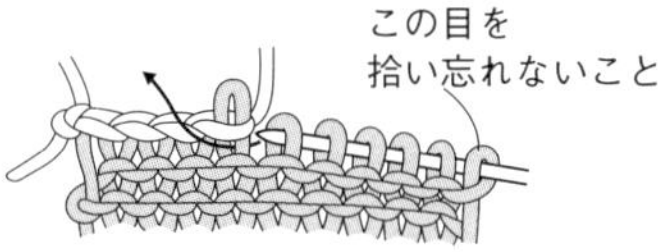

目を拾いながら別糸をはずす

フェアアイルの作り目

①
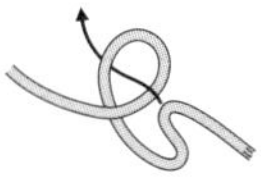
図のように糸を
結んで輪を作る

②
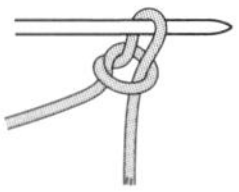
できた輪の中に左針
を通す（1目め）

③

左針にかかった目の
中に右針を入れる

④
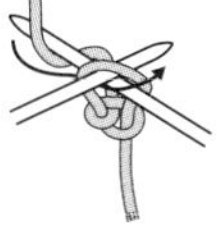
表目を編む要領で糸
をかけて引き出す

⑤
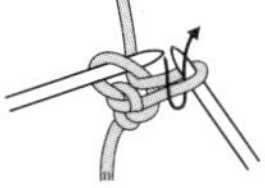
右針にかかった目をねじ
って左針に移す（2目め）

⑥
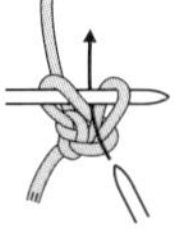
1目めと2目めの間
に右針を入れる

⑦
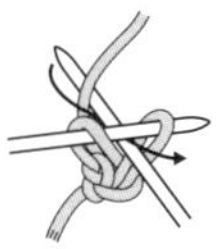
糸をかけて
引き出す

⑧

右針の目をねじりながら左針
に移すと3目めのでき上り。
⑥〜⑧を繰り返す

⑨

最後の目を左針にかける。
1段めのでき上り

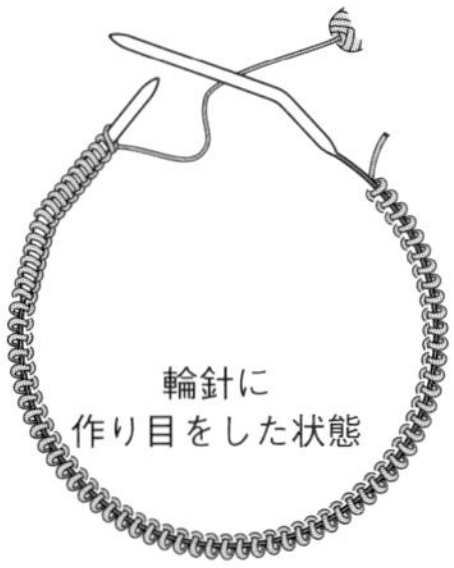

⑩
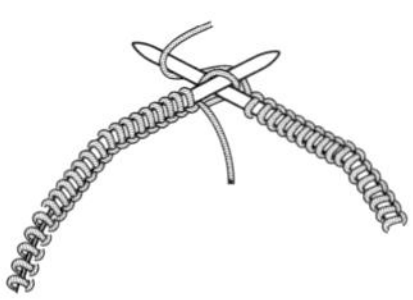
輪編みで次の段を編むと
きは、糸が右側にくるよう
に裏に返して編み始める

直接針に作る1目ゴム編みの作り目

①

針を矢印のように回し、
表目(1目め)を作る

②

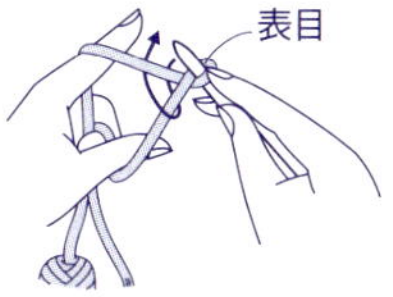

矢印のように針をくぐらせ、裏目(2目め)を作る

③

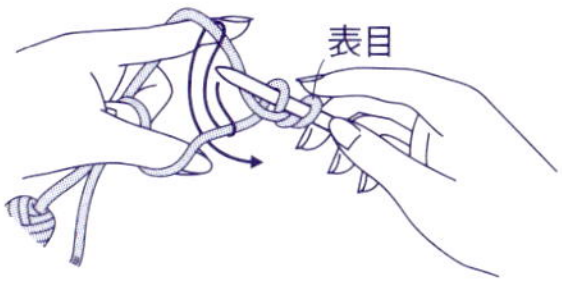

矢印のように針をくぐらせ、表目(3目め)を作る。②と③を繰り返して必要な目数にする。最後は裏目

④

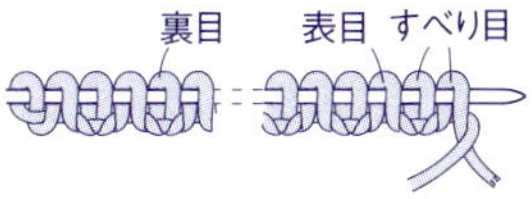

裏に返す。最初の2目は糸を手前においてすべり目

⑤

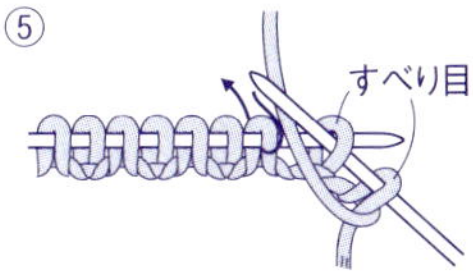

3目めは表目を編む。続けてすべり目、表目を交互に繰り返して1目おきに編んでいく。最後の目はすべり目

⑥

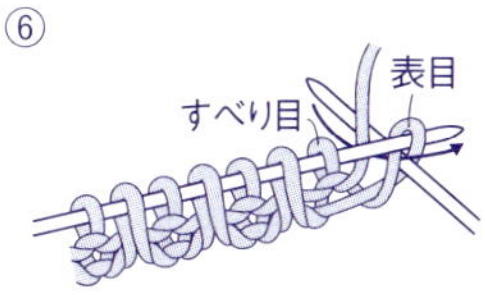

表に返す。最初の目は表目、次の目は糸を手前においてすべり目。⑤で編まなかった目を編むことになる

⑦

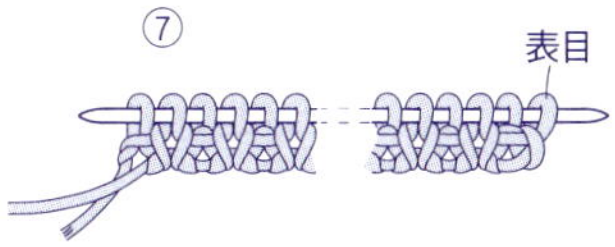

表目、すべり目を交互に繰り返す。最後は表目、すべり目と編む。これで2段と数える

⑧

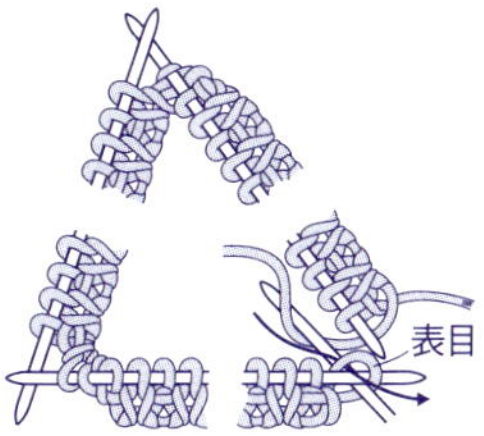

3本の針に分けるか、輪針に替える。作り目をねじらせないように合わせ、3段めからゴム編みで輪に編む

編み目記号と編み方

｜ 表目

①

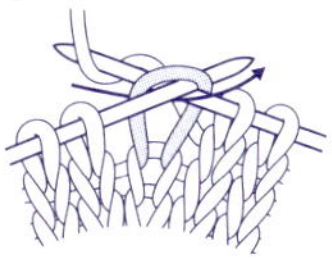

糸を向う側におき、手前から右針を左針の目に入れる。右針に糸をかけ、矢印のように引き出す

②

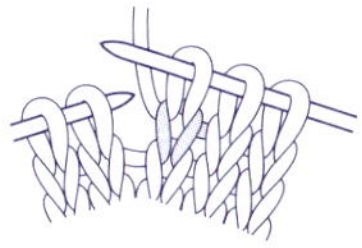

引き出しながら、左針から目をはずす

— 裏目

①

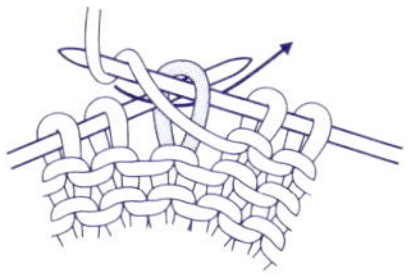

糸を手前におき、左針の目の向う側から右針を入れる。右針に糸をかけ、矢印のように引き抜く

②

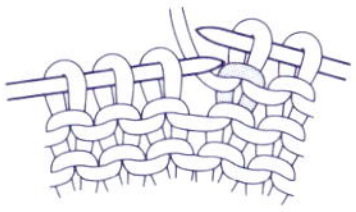

引き出しながら、左針から目をはずす

入 右上2目一度(表目)

①

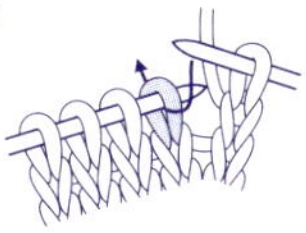

編まずに手前から右針に移す

②

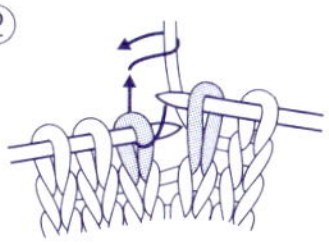

次の目を編む

③

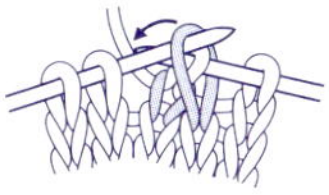

移した目を編んだ目にかぶせる

④

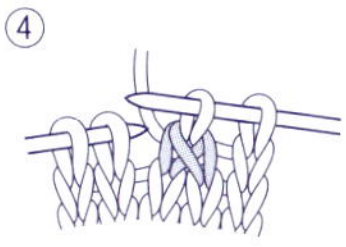

1目減し目

人 左上2目一度(表目)

①

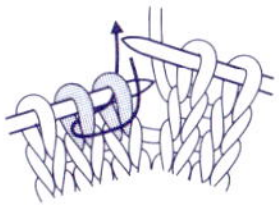

2目一緒に手前から入れる

②

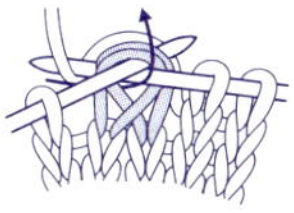

糸をかけて編む

③

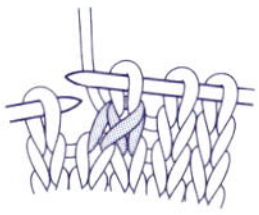

1目減し目

右上2目一度(裏目)

①
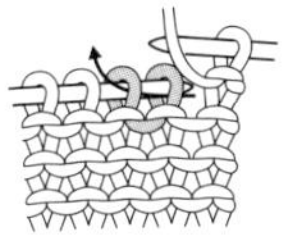
編まずに2目右針に移す

②
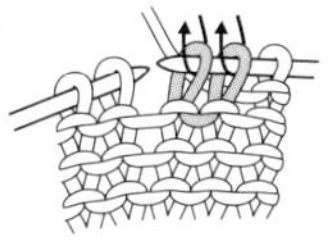
移した目に矢印のように針を入れ、向きを変えて左針に戻す

③
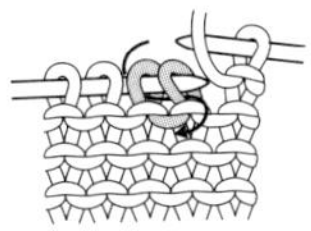
2目一緒に矢印のように右針を入れ、編む

④
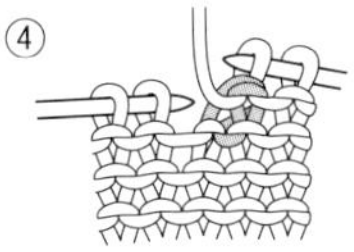
1目減し目

左上2目一度(裏目)

①
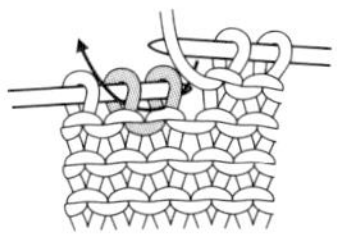
2目一緒に向う側から針を入れる

②
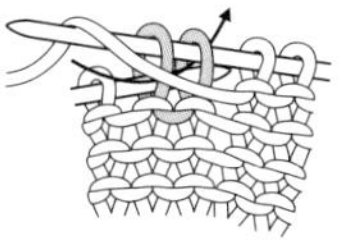
糸をかけて編む

③
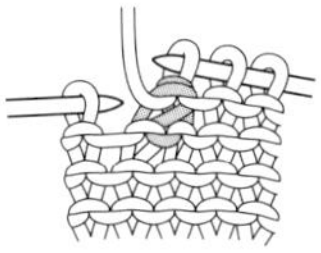
1目減し目

中上3目一度

①
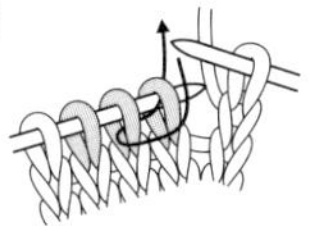
2目一緒に手前から針を入れ、編まずに右針に移す

②
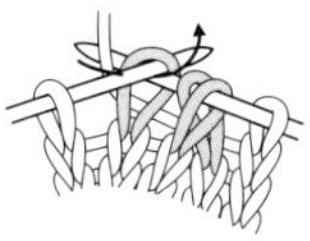
次の目を編む

③
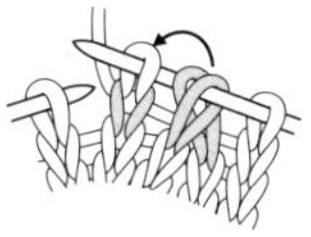
編んだ目に移した2目をかぶせる

④
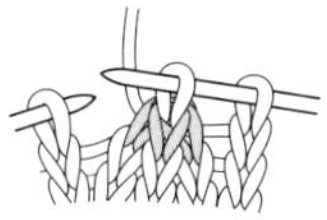
2目減し目

右上3目一度

①
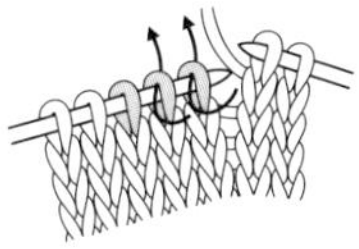
編まずに右針に移す

②
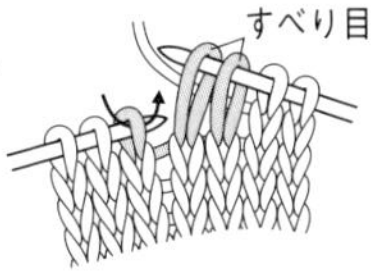

次の目を編む

③
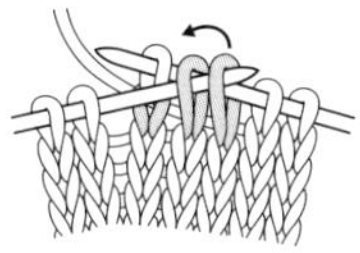
編んだ目に移した2目をかぶせる

④
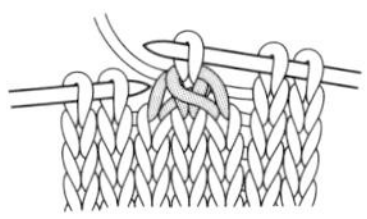
2目減し目

左上3目一度

①
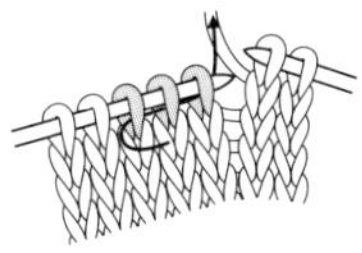
3目一緒に手前から右針を入れる

②
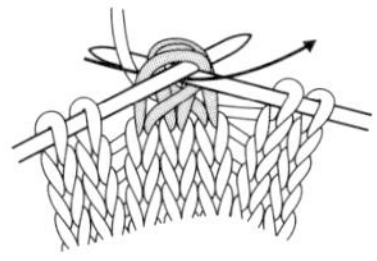
3目を一緒に編む

③
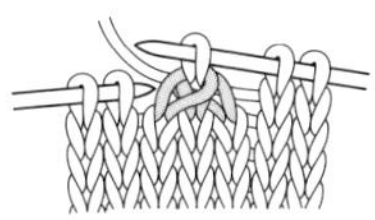
2目減し目

ねじり目

①
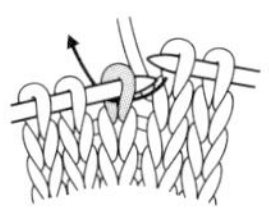
向う側から針を入れる

②
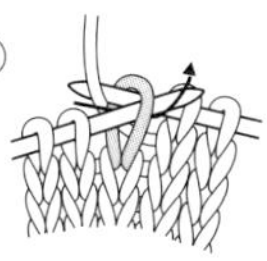
糸をかけて編む

③

④
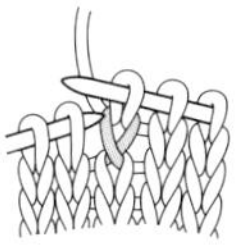

かけ目

①
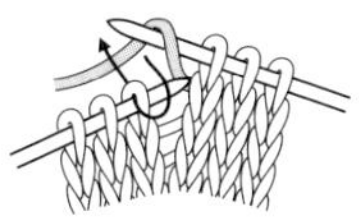
右針に糸をかけ、次の目に右針を入れる

②
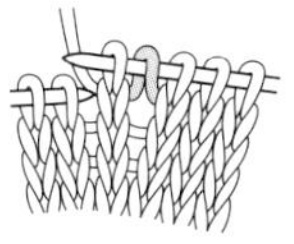
1目編んだところ

③
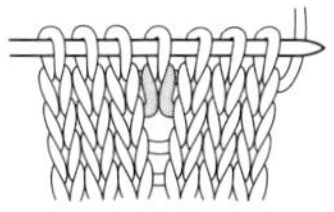
次の段を編むと、かけ目のところに穴があく

すべり目

①
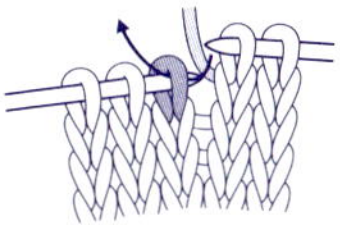
糸を向う側におき、編まずに1目右針に移す

②
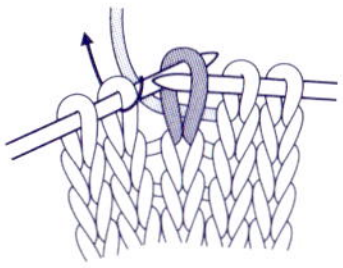
次の目を編む

③
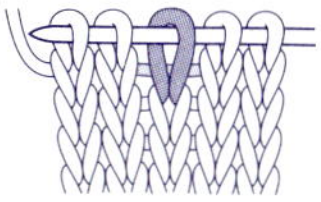

右増し目

①
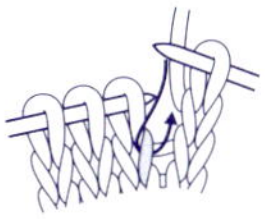
左針の1段下の目に右針を入れる

②
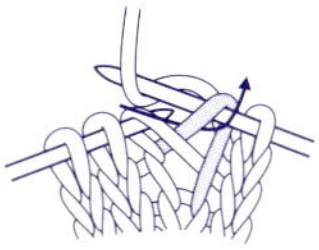
糸をかけて編む

③
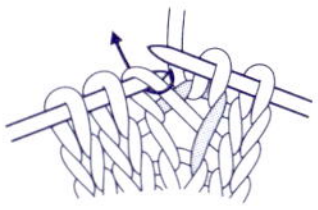
左針にかかっている目を編む

④
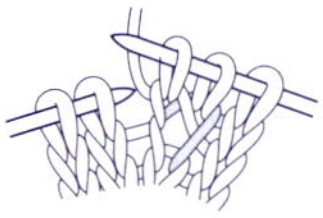
1目増し目

＊裏編みの場合も同じ要領で裏編みをする

左増し目

①
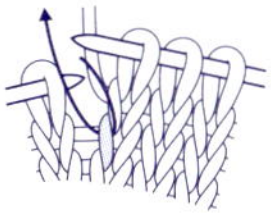
右針の2段下の目に左針を入れる

②
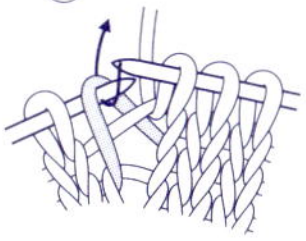
糸をかけて編む

③
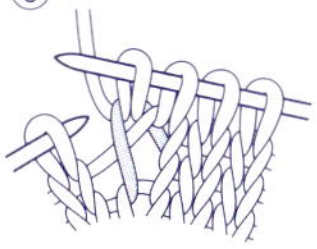
1目増し目

＊裏編みの場合も同じ要領で裏編みをする

右上1目交差

①
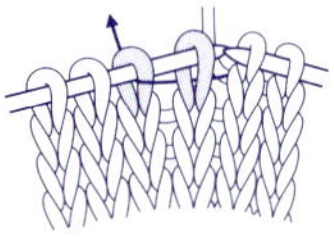
後ろを通って1目とばし、次の目に針を入れる

②
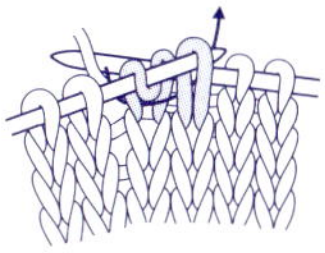
糸をかけて編む

③
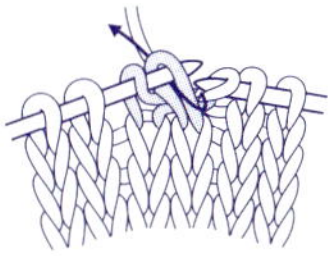
とばした目を編む

④
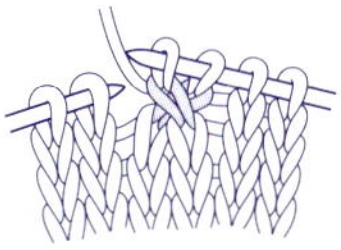

左上1目交差

①
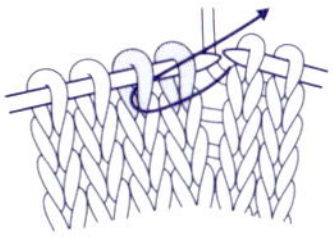
前を通って1目とばし、次の目に針を入れる

②
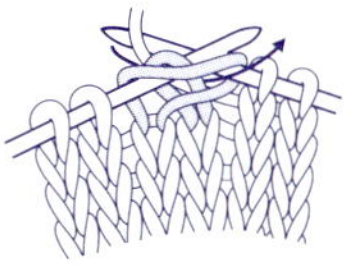
糸をかけて編む

③
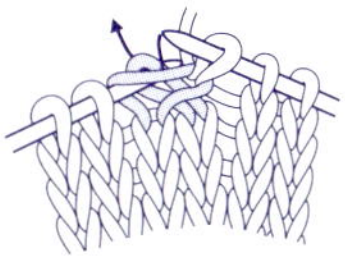
とばした目を編む

④
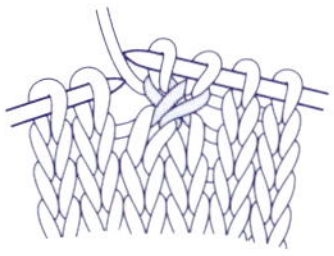

右上2目交差

①
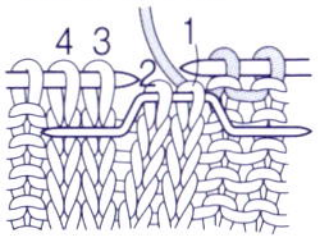

1、2の目を別針にとり、手前におく

②
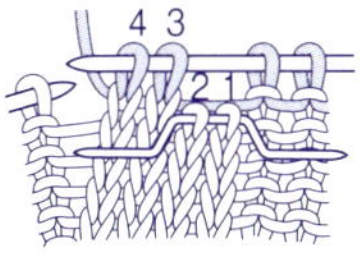

3、4の目を編む

③
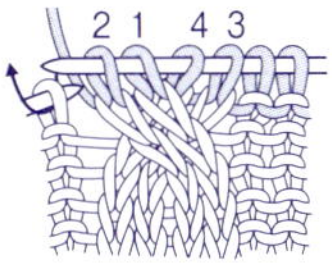

別針の1、2の目を編む

左上2目交差

①
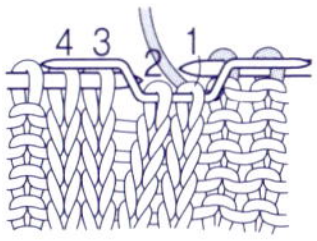

1、2の目を別針にとる

②
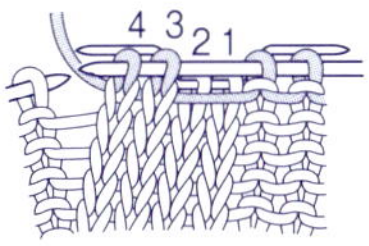

1、2の目を向う側におき、3、4の目を編む

③
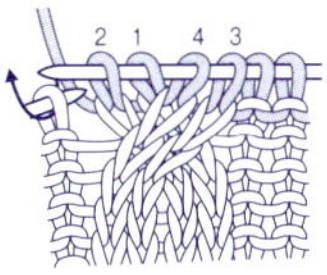

別針の1、2の目を編む

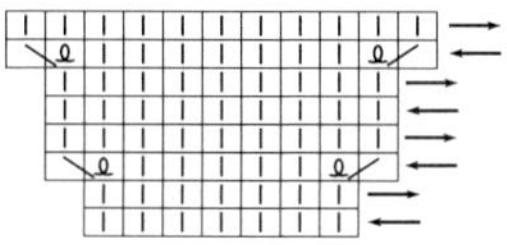

ねじり増し目(1目増)

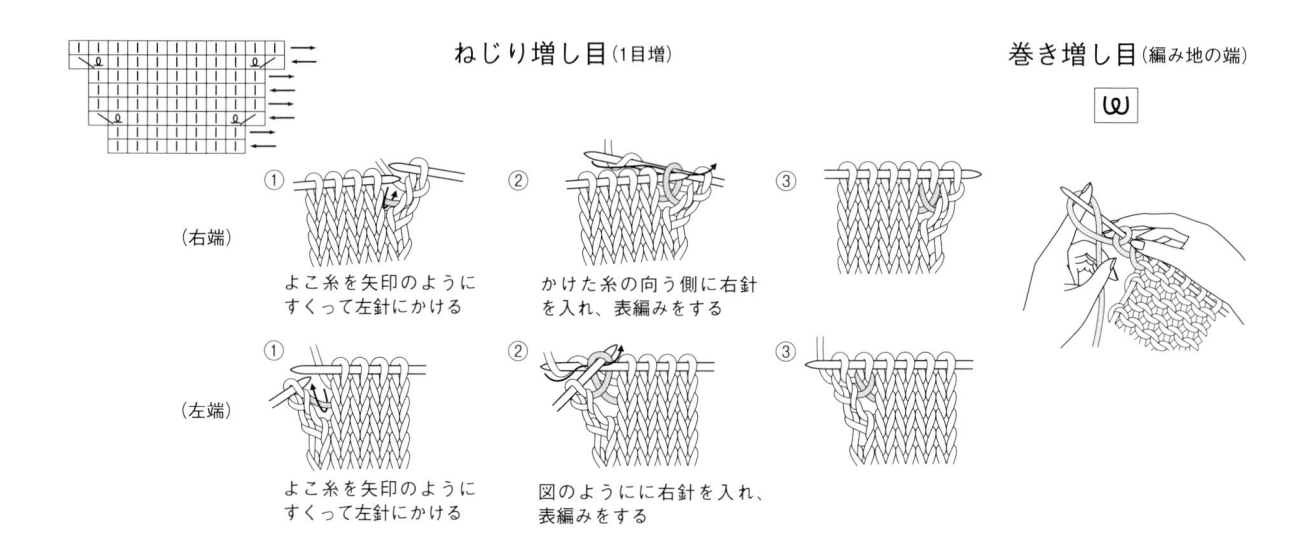

(右端)

①

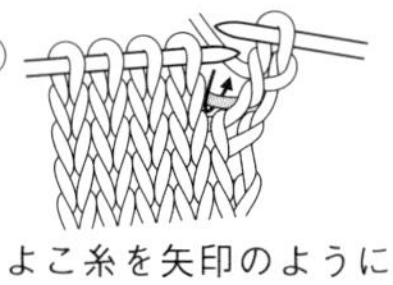

よこ糸を矢印のように
すくって左針にかける

②

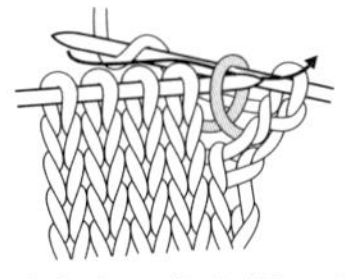

かけた糸の向う側に右針
を入れ、表編みをする

③

(左端)

①

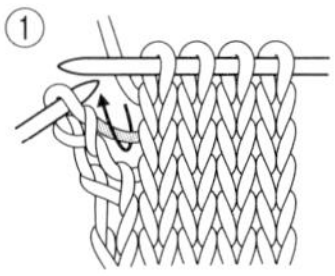

よこ糸を矢印のように
すくって左針にかける

②

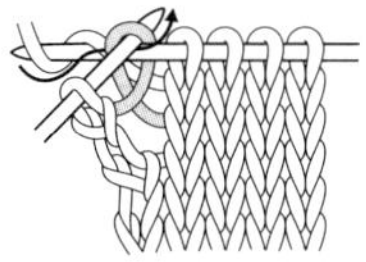

図のようにに右針を入れ、
表編みをする

③

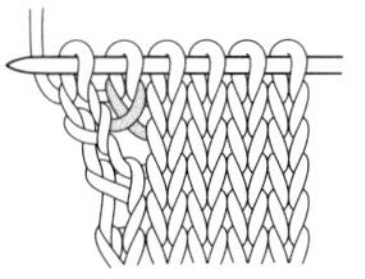

巻き増し目(編み地の端)

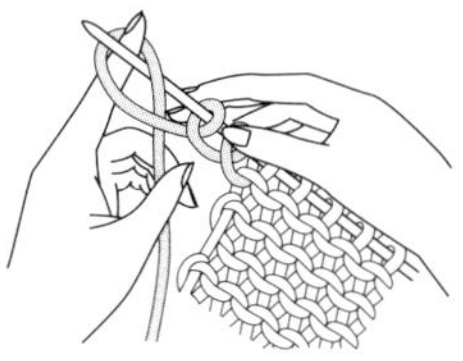

編込み模様(裏に糸を渡す方法)

①

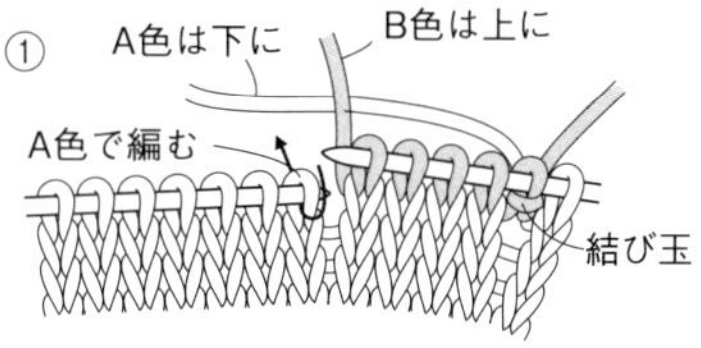

B色の編始めは結び玉を作って右針に
通してから編むと、目がゆるまない。
結び玉は次の段ではずし、ほどく

②

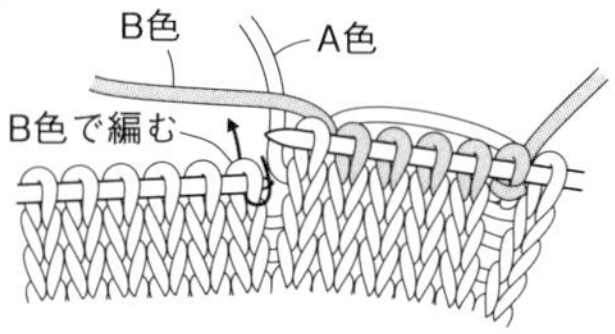

裏に渡る糸は編み地が自然におさま
るように渡す。引きすぎないこと

輪編みの1目ゴム編み止め

①

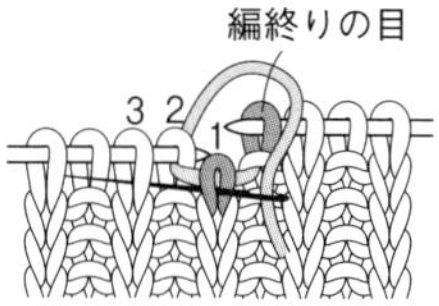

1の目をとばして2の目の手前から
針を入れて抜き、1の目に戻って
手前から針を入れ、3の目に出す

②

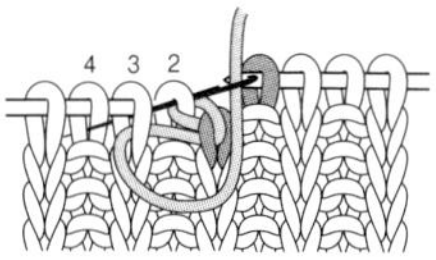

2の目に戻って向う側より針を入れ、4
の目の向う側に出す。これより①の1か
ら3に出し、②に進むことを繰り返す

③

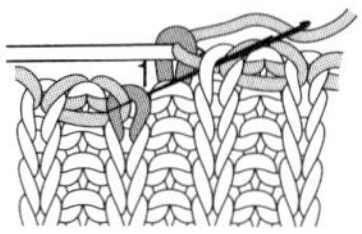

編終り側の表目に
手前から針を入れ
1の目に針を出す

④

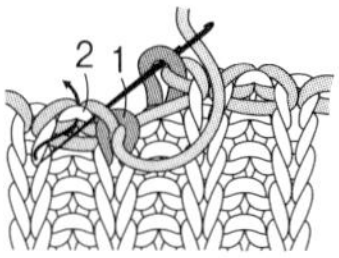

編終りの裏目に向う側から針
を入れ、図のようにゴム編み
止めした糸をくぐり、さらに
矢印のように2の裏目に抜く

⑤

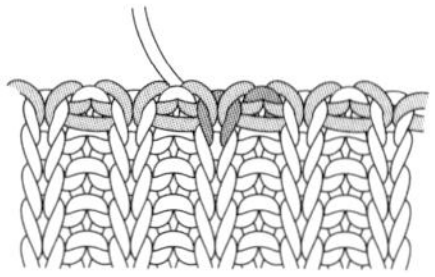

止め終わった状態

ガーターはぎ

①

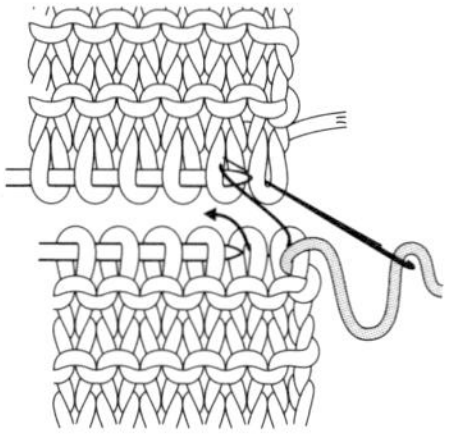

手前側の端の目の裏から糸を通し、
向う側の表から針を入れて抜き、
手前側に図のように針を通す

②

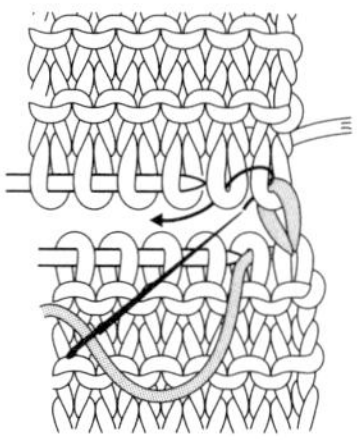

向う側端の目の裏から針を入れ、
次の目の表から裏に出す

③

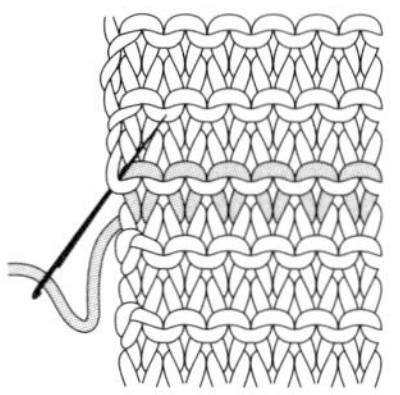

①、②を交互に繰り返す

引返し編み

p.15からの「引返し編みの方法」もあわせて参照してください

1段め

中心から表目を10目編み、左端の2目を編み残し、編み地を持ち替えて次の段に移る

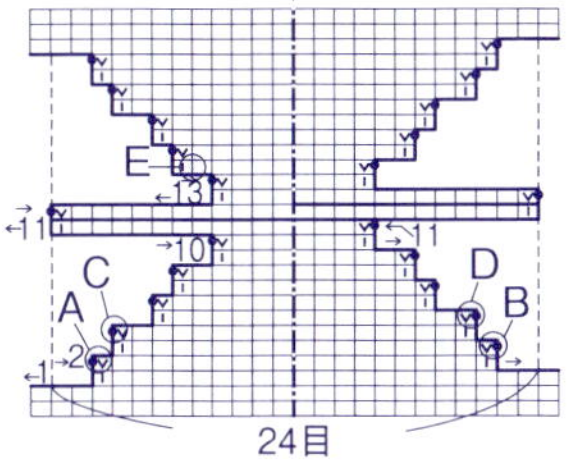

24目
かかと側(底側)

2段め

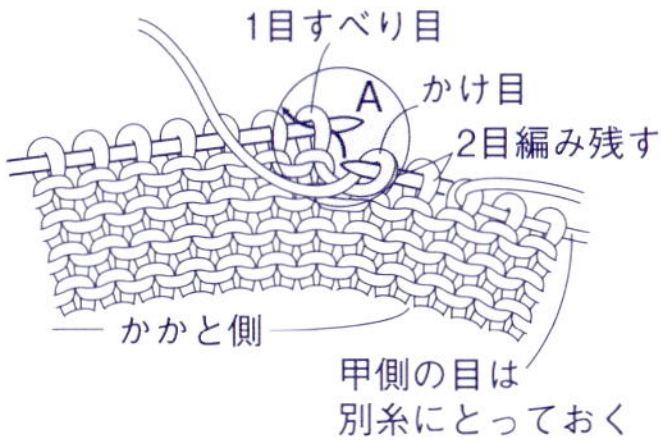

右針にかけ目をし、1目めをすべり目して2目めから裏目を編む。端の2目は編まずに編み地を持ち替える

3段め

編終り側

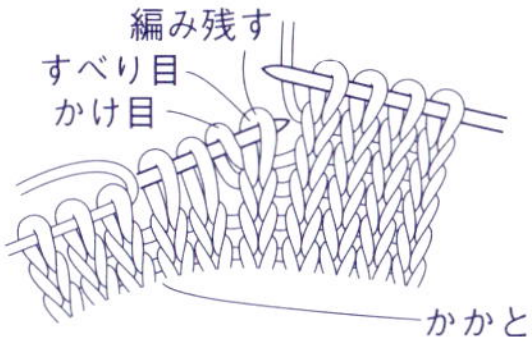

編始め側

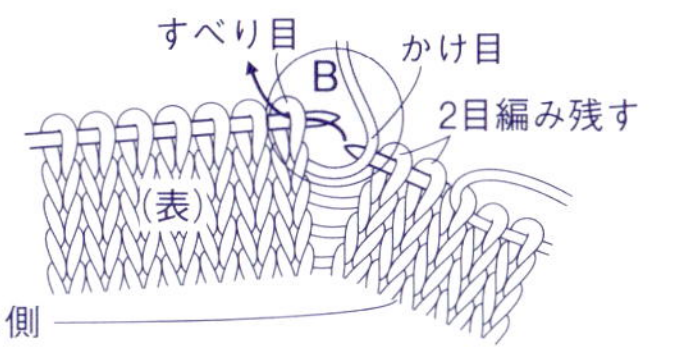

かかと側

かけ目をして糸を向う側におき、すべり目をする。これで左右1回めの引返しが完成。2目めから表編み。編終り側は最後の1目(この場合はすべり目した目)を編まずに4段めに移る

4段め

編終り側

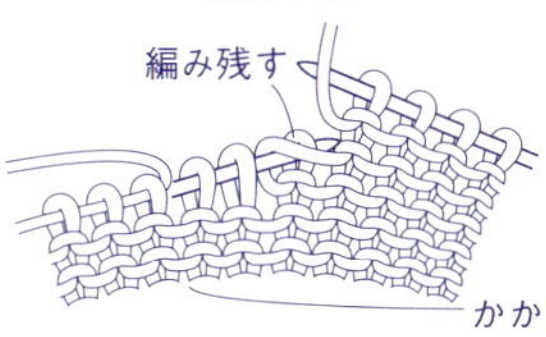

編始め側

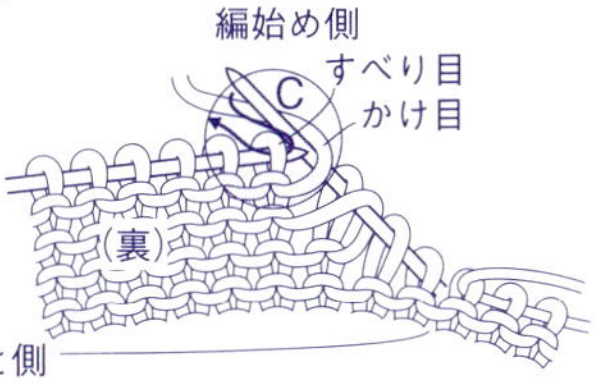

かかと側

かけ目、すべり目で編み始め、2目めから裏編み。編終り側は最後の1目(この場合はすべり目した目)を編まずに5段めに移る

5段め

編終り側

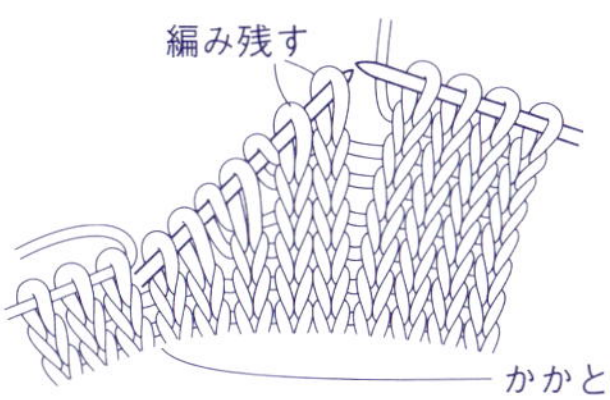

編始め側

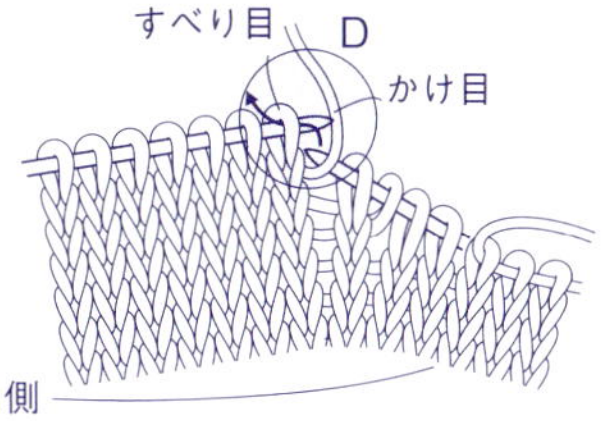

かかと側

11段め

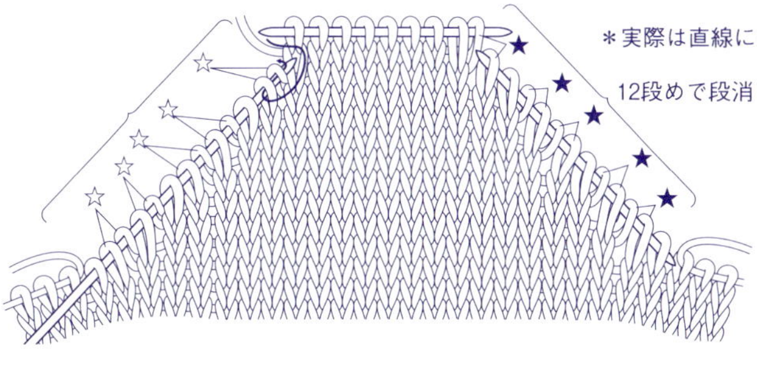

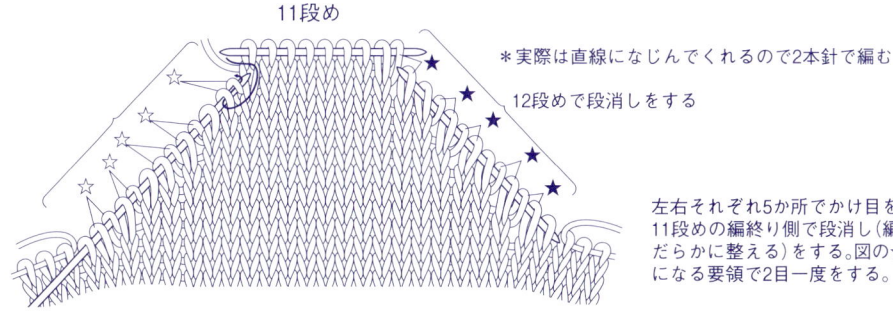

左右それぞれ5か所でかけ目をしたことになる。11段めの編終り側で段消し(編み地の傾斜をなだらかに整える)をする。図の☆でかけ目が後ろになる要領で2目一度をする。

12段め

裏に返して、反対側の段消しをする。裏目の段消しは、かけ目と次の目(11段めの図の★)を入れ替えてから2目一度をする

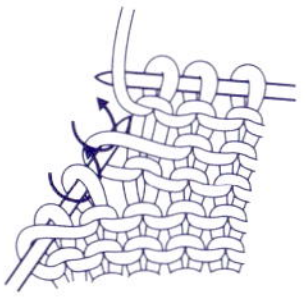

かけ目と次の目を右針に移す

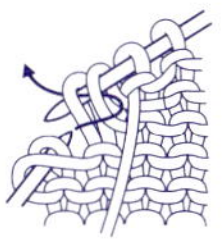

矢印のように針を入れ、2目を左針に戻す

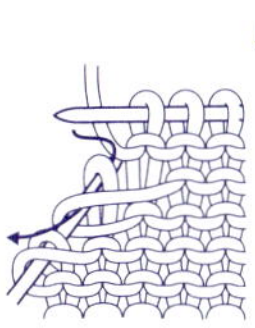

入れ替わったかけ目と次の目を2目一度で裏編みにする。これを5回繰り返す

15段め

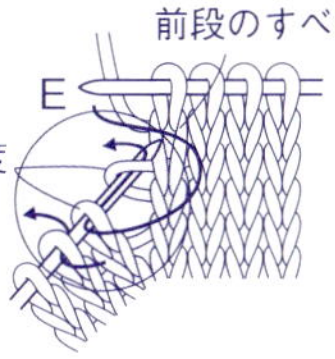

かけ目とすべり目で編み始めながら15段めの左端まで進む。前段のすべり目をそのまま表編み。前段のかけ目と次の目で2目一度をして段消し。1目表編みをして裏に返す

16段め

かけ目とすべり目で編み始め、左端まで進む。
前段のすべり目をそのまま裏編み。前段のかけ目と次の目で2目一度をして段消し。裏編みの2目一度は12段と同じ要領で目を入れ替えること。1目裏編みをして表に返す

A

p.4

【材料】アイルランド製アラン用毛糸（太番手２プライ・並太タイプ）の赤 120g
【用具】８号（作り目のみ）、５号棒針
【ゲージ】22 目 30 段が 10㎝四方
【でき上り寸法】はき丈約 22㎝、足底サイズ約 21.5㎝、足甲回り約 22㎝

▶指で針にかける作り目で 48 目作ります。模様編み以外はすべて、14 ～ 18、23 ～ 24 ページの A タイプと編み方が同じなので参照してください。
作り目をしたら、はき口から輪にして編み、２目ゴム編み、模様編み、メリヤス編みで編みます。かかとの位置で引返し編み、再び輪にしてメリヤス編みでつま先を形作り、最後はメリヤス編みはぎにします。

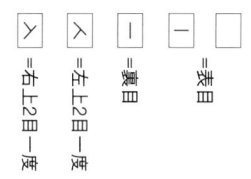

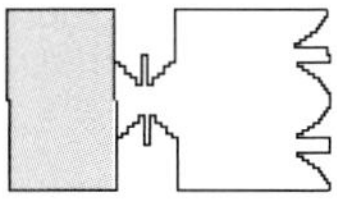

□ =表目
－ =裏目
人 =左上2目一度
入 =右上2目一度

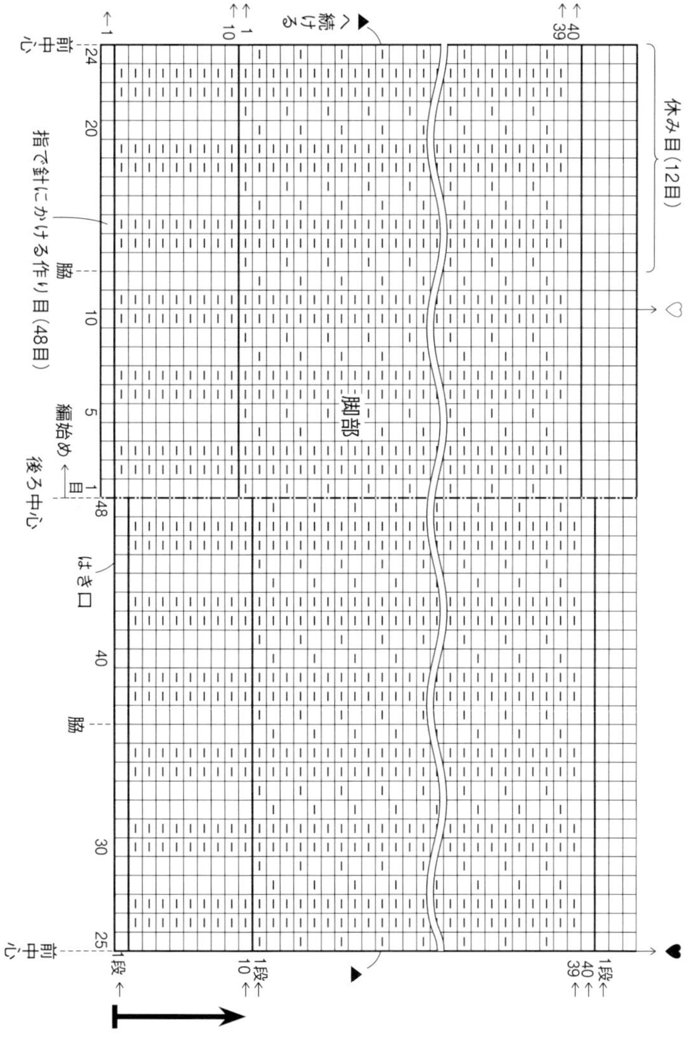

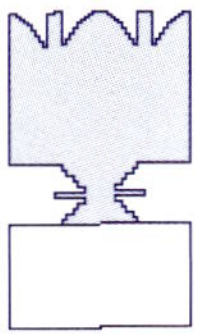

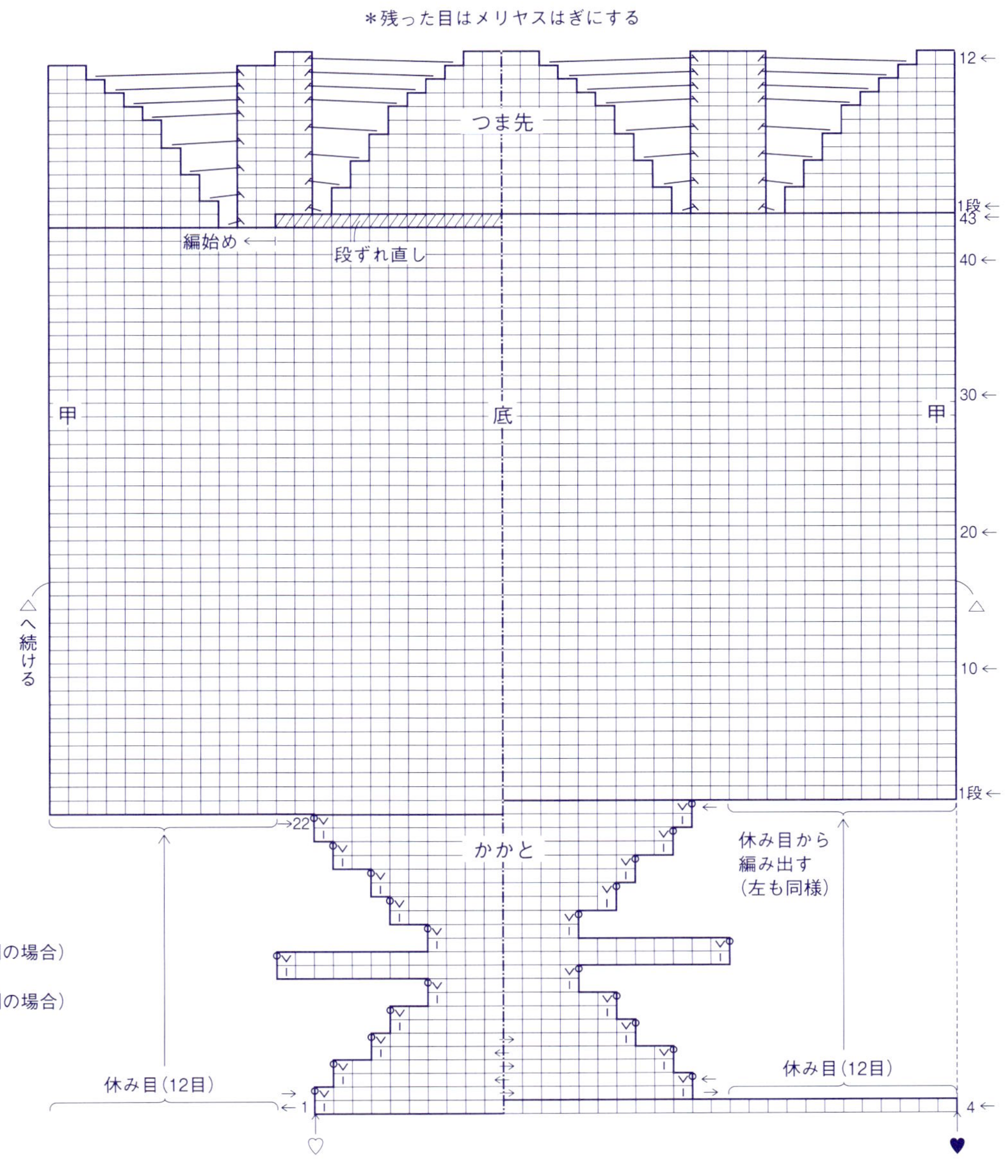

=かけ目してすべり目(左側の場合)

=かけ目してすべり目(右側の場合)

B

p.5

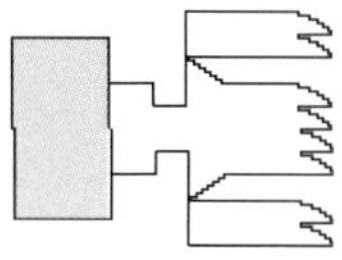

【材料】アイルランド製アラン用毛糸（細番手２プライ・中細タイプ）のモスグリーン７５ｇ
【用具】８号（作り目のみ）、５号棒針
【ゲージ】２２目３０段が１０㎝四方
【でき上り寸法】はき丈約２１㎝、足底サイズ約２１㎝、足甲回り約２１㎝

▶指で針にかける作り目で４８目作ります。輪にして２目ゴム編みを１０段（作り目を含む）編みます。模様編みに変え、３９段（３段１模様）編み、次の段はメリヤス編み１段、かかとを編みます（２６～２９ページ参照）。甲側２４目休めて往復編みでかかと丈を編み、続けて四角いかかと底を編みます。かかと丈の脇から拾い目をし、甲側の休み目を拾って輪にし、両サイドでまちの減し目をします。
つま先は３２ページの形です。全体を８等分に分けて中間で減し目をして編み、残った８目は一度に絞ります。もう片方は、減し目を対称形にしてもいいでしょう（３２ページ参照）。

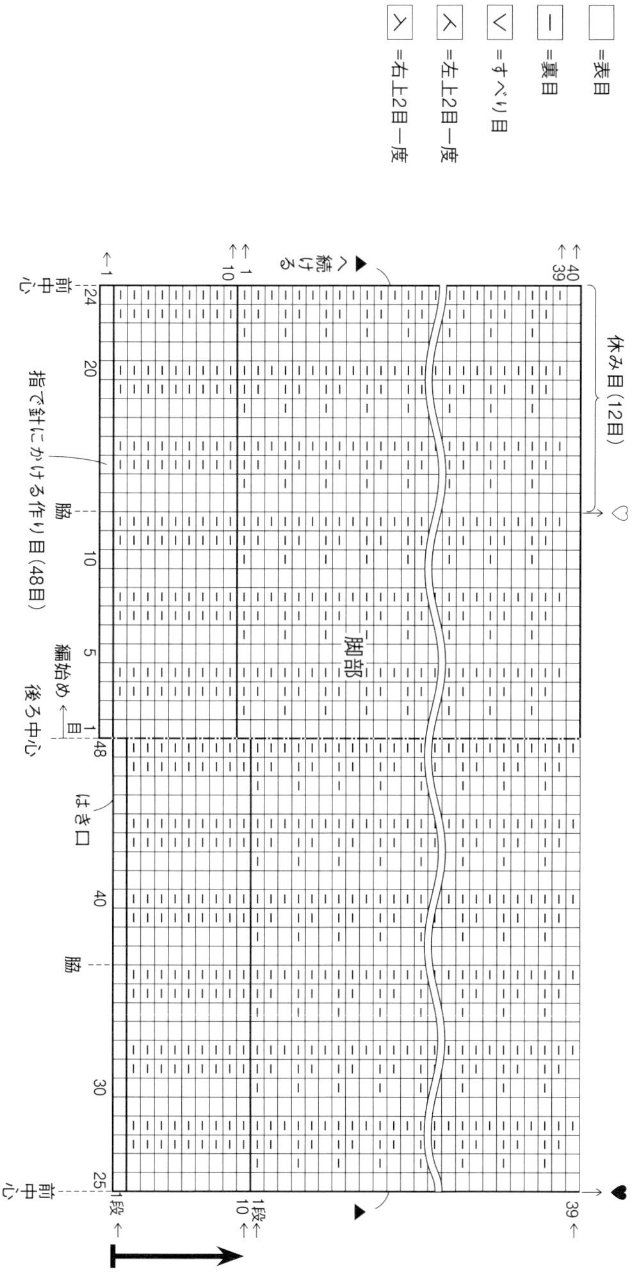

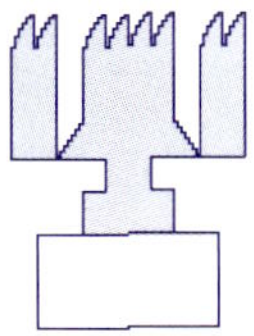

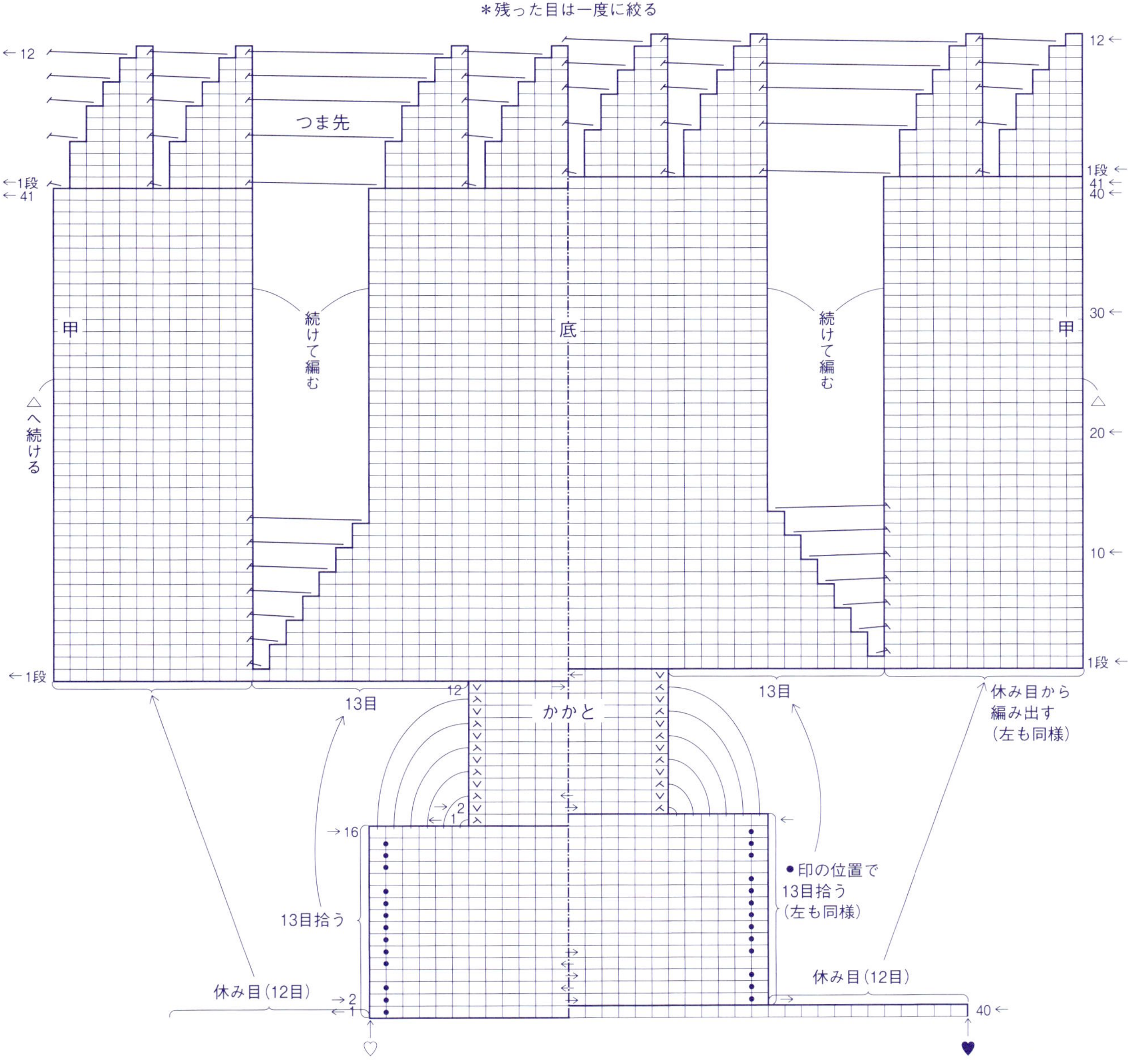

つま先の始末

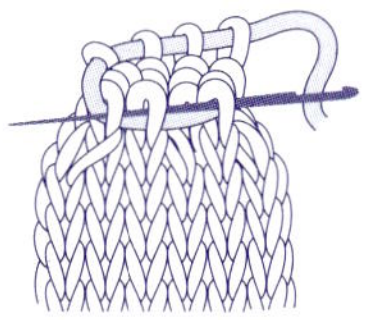

糸を少し残して切り、
残った目に糸を2回通
して絞る

G

p.10

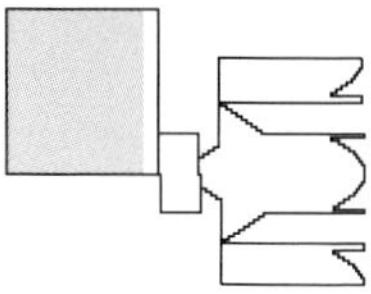

【材料】 ておりやオリジナルハニーウール（合細タイプ）の濃いピンク（2）95g

【用具】 5号棒針

【ゲージ】 22目30段が10㎝四方

【でき上り寸法】 はき丈約25㎝、足底サイズ約21.5㎝、足甲回り約22㎝

▶毛糸は2本どりで編みます。

直接針に作る1目ゴム編みの作り目で48目作り、輪にして、ねじり1目ゴム編みを編みます。その後はかかとの手前まで模様編み。かかとは【ボックス型のかかと＋引返し編みのかかと底（30ページ）】と同じ編み方です。その後まち分を拾って編みます。つま先は【両サイドで均等に減らす方法（23ページ）】です。左足を編むときは、右足とダイヤ柄が対称になるように位置を変えて編みます。

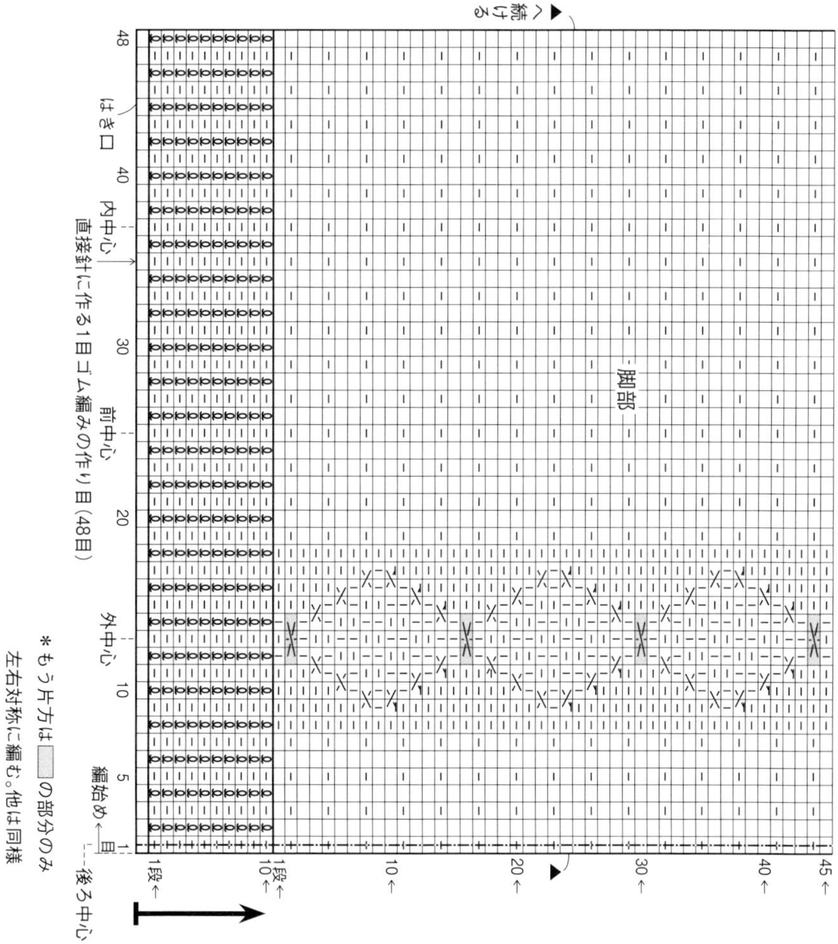

交差編みの編み方

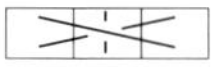

右上1目交差（中心表目）

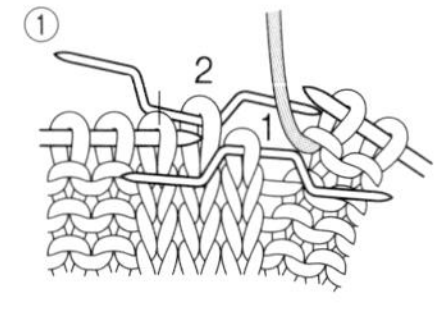

1と2の目をそれぞれ縄編み針に移す

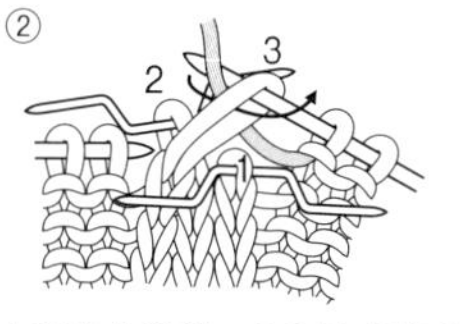

1の目を手前、2の目を向う側におき、3の目を表編み

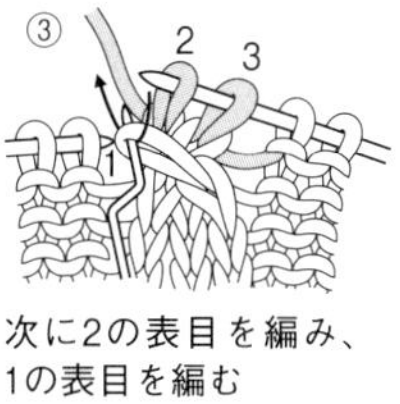

次に2の表目を編み、1の表目を編む

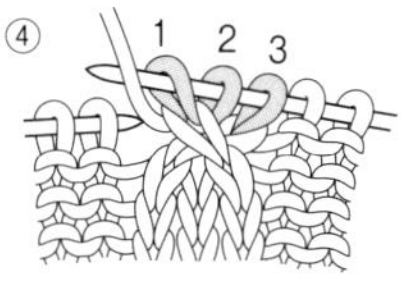

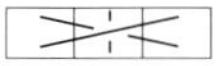

左上1目交差（中心表目）

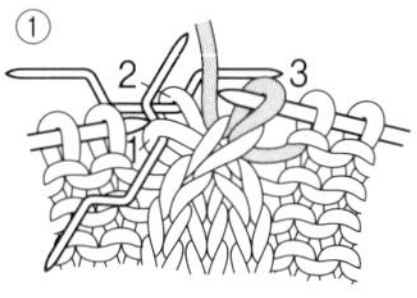

右の2目を1目ずつ縄編み針にとり、3の目を表編み

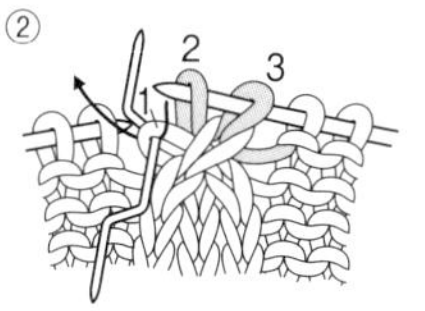

2の目をいちばん後ろにおいて表編みをし、次に1の目を表編み

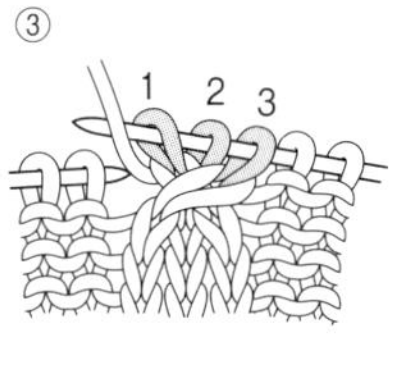

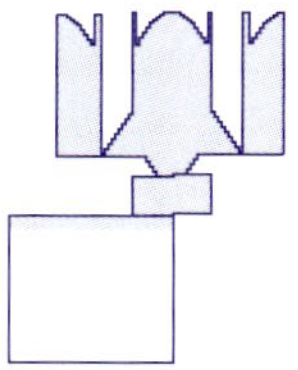

=表目

=裏目

=すべり目

=左上2目一度

=右上2目一度

=ねじり目

=左上1目交差

=右上1目交差

=左上1目交差（下側裏目）

=右上1目交差（下側裏目）

=左上1目交差（中心表目）

=対称形を編むときは

右上1目交差（中心表目）

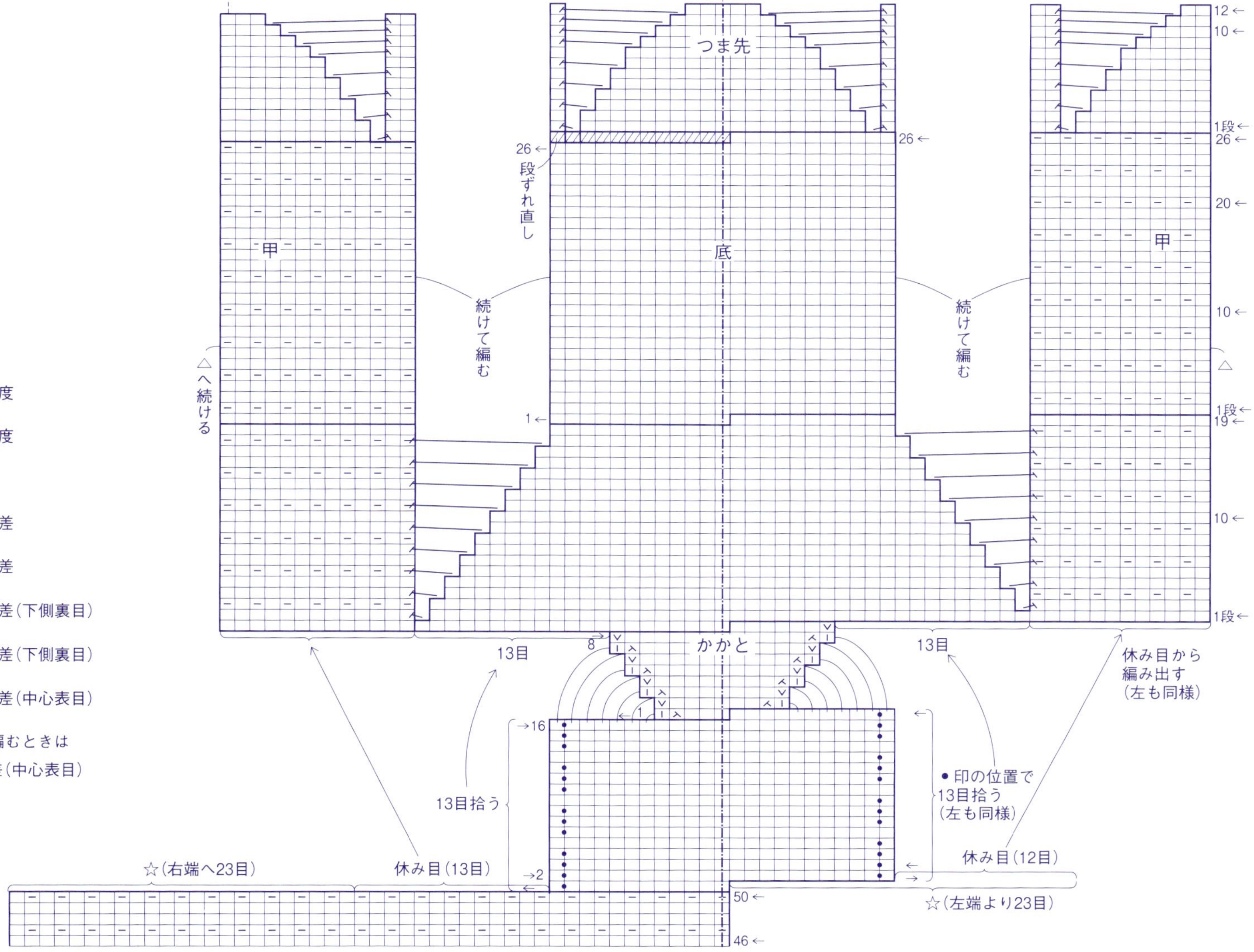

I

p.11

【材料】ておりやオリジナルハニーウール（合細タイプ）の茶色（13）120g
【用具】5号棒針
【ゲージ】22目30段が10㎝四方
【でき上り寸法】はき丈約30㎝、足底サイズ約23.5㎝、足甲回り約24㎝

▶毛糸は２本どりで編みます。
直接針に作る１目ゴム編みの作り目で52目作り、輪にして、ねじり１目ゴム編みを編みます。その後はかかとの手前まで模様編み。かかとは【ボックス型のかかと＋引返し編みのかかと底（30ページ）】と同じ編み方です。その後まち分を拾って編みます。つま先は【両サイドで均等に減らす方法（23ページ）】です。左足を編むときは、右足とダイヤ柄が対称になるように位置を変えて編みます。

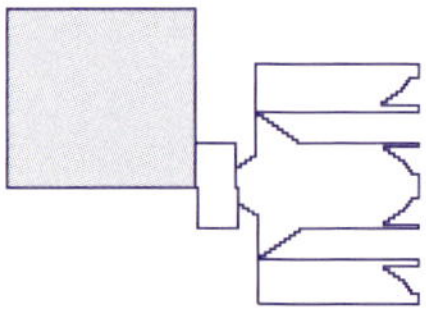

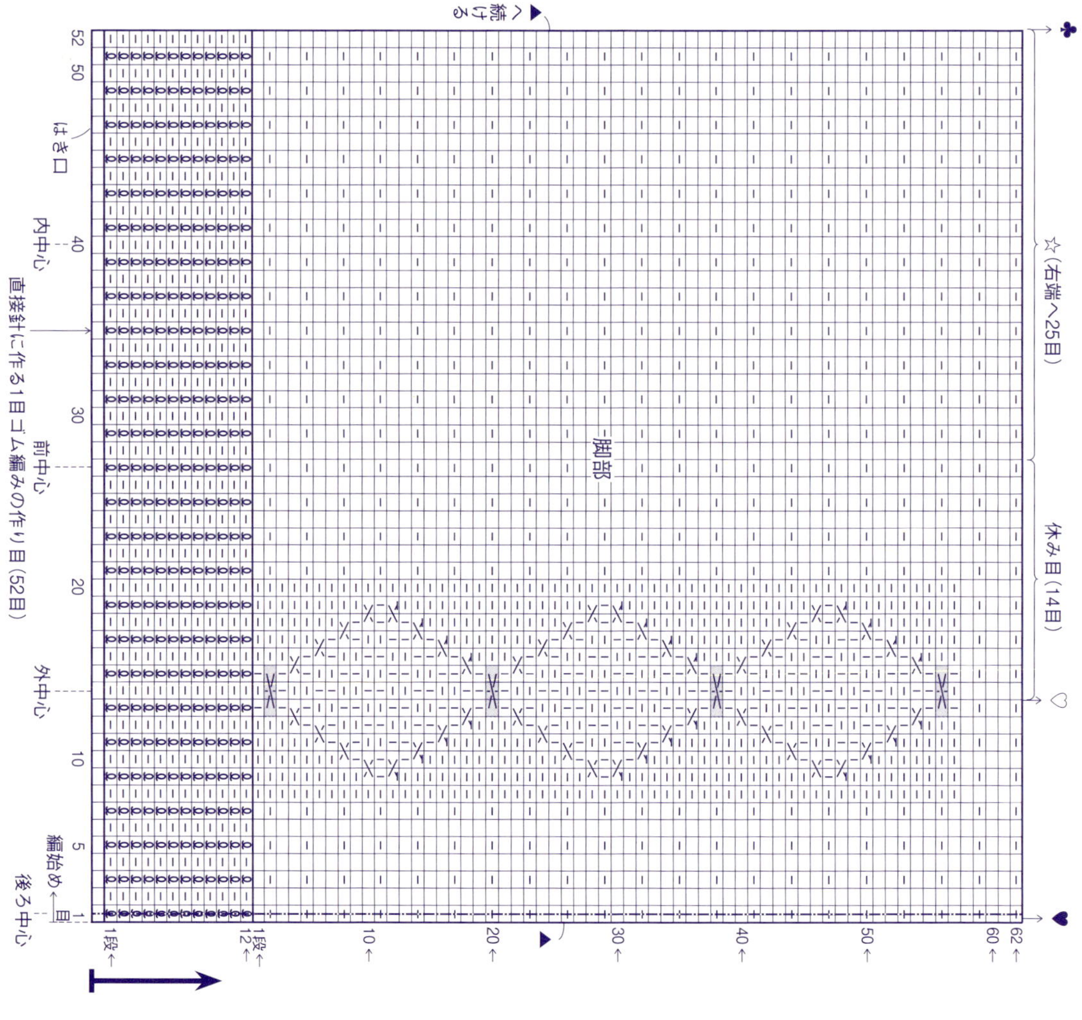

＊もう片方は□の部分のみ左右対称に編む。他は同様

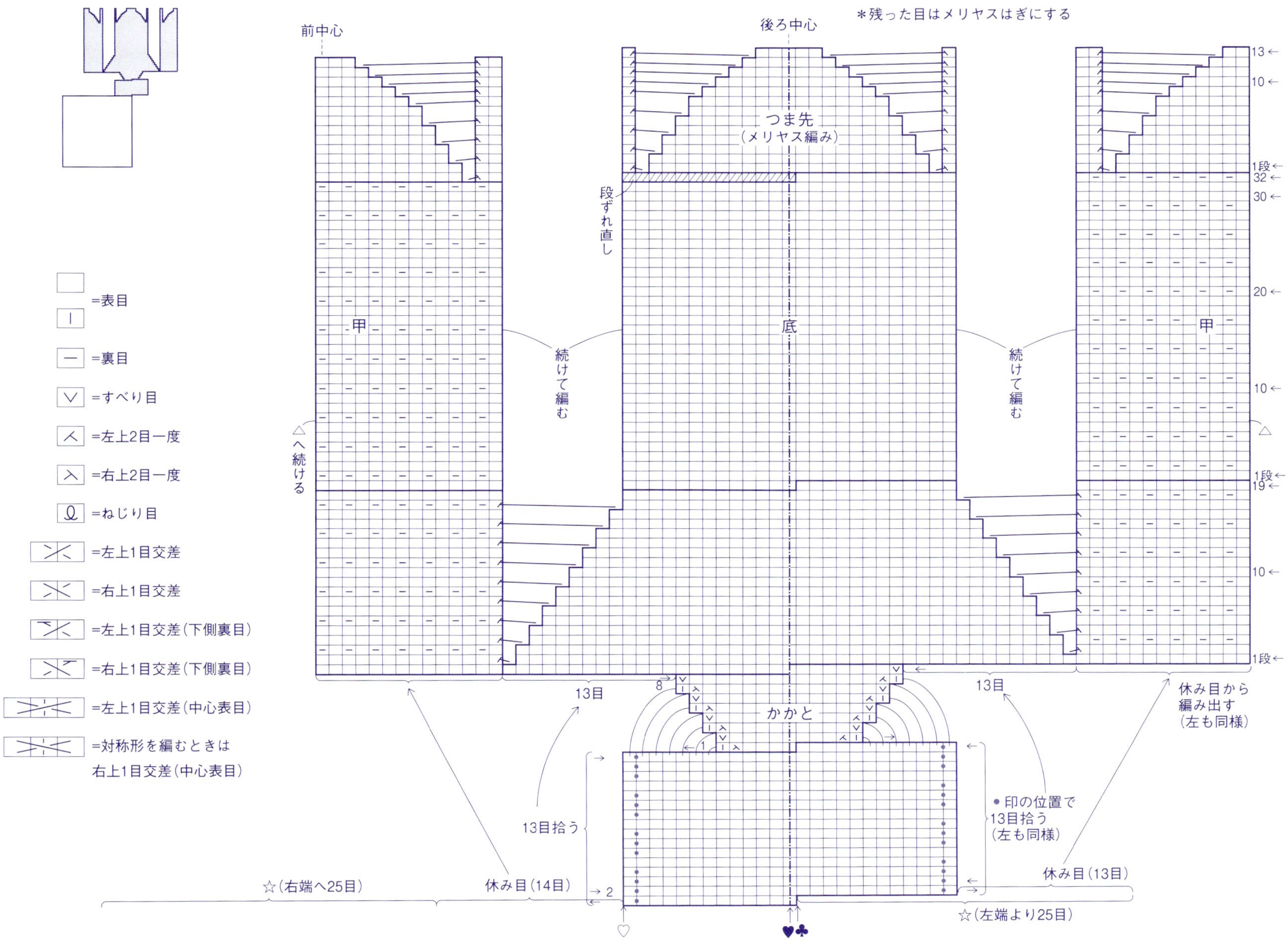
前中心
後ろ中心
＊残った目はメリヤスはぎにする
つま先
（メリヤス編み）
段ずれ直し
甲
底
甲
続けて編む
続けて編む
△へ続ける
△
13←
10←
1段←
32←
30←
20←
10←
1段←
19←
10←
1段←
8
1
かかと
13目
13目
13目拾う
●印の位置で
13目拾う
（左も同様）
休み目から
編み出す
（左も同様）
→2
☆（右端へ25目）
休み目（14目）
休み目（13目）
☆（左端より25目）
♡
♥♣
=表目
=裏目
=すべり目
=左上2目一度
=右上2目一度
=ねじり目
=左上1目交差
=右上1目交差
=左上1目交差（下側裏目）
=右上1目交差（下側裏目）
=左上1目交差（中心表目）
=対称形を編むときは
右上1目交差（中心表目）

F

p.10

【材料】ておりやオリジナルハニーウール（合細タイプ）の薄ピンク（4）30g
【用具】5号棒針
【ゲージ】22目30段が10㎝四方
【でき上り寸法】はき丈約13㎝、足底サイズ約12㎝、足甲回り約14㎝

▶毛糸は2本どりで編みます。
直接針に作る1目ゴム編みの作り目で32目作り、輪にして、ねじり1目ゴム編みを編みます。その後はかかとの手前まで模様編み。かかとは【ボックス型のかかと＋引返し編みのかかと底（30ページ）】と同じ編み方です。その後まち分を拾って編みます。つま先は【均等に減らす形（8等分・32ページ）】です。
左足を編むときは、右足とダイヤ柄が対称になるように位置を変えて編みます。つま先も対称形になるように減し目してもいいでしょう。

H

p.11

【材料】ておりやオリジナルハニーウール（合細タイプ）の緑（9）55g
【用具】5号棒針
【ゲージ】22目30段が10㎝四方
【でき上り寸法】はき丈約19㎝、足底サイズ約15.5㎝、足甲回り約18㎝

▶毛糸は2本どりで編みます。
直接針に作る1目ゴム編みの作り目で40目作り、輪にして、ねじり1目ゴム編みを編みます。その後はかかとの手前まで模様編み。かかとは【ボックス型のかかと＋引返し編みのかかと底（30ページ）】と同じ編み方です。その後まち分を拾って編みます。つま先は【均等に減らす形（8等分・32ページ）】です。
左足を編むときは、ダイヤ柄が対称になるように位置を変えて編みます。つま先も対称形になるように減し目してもいいでしょう。

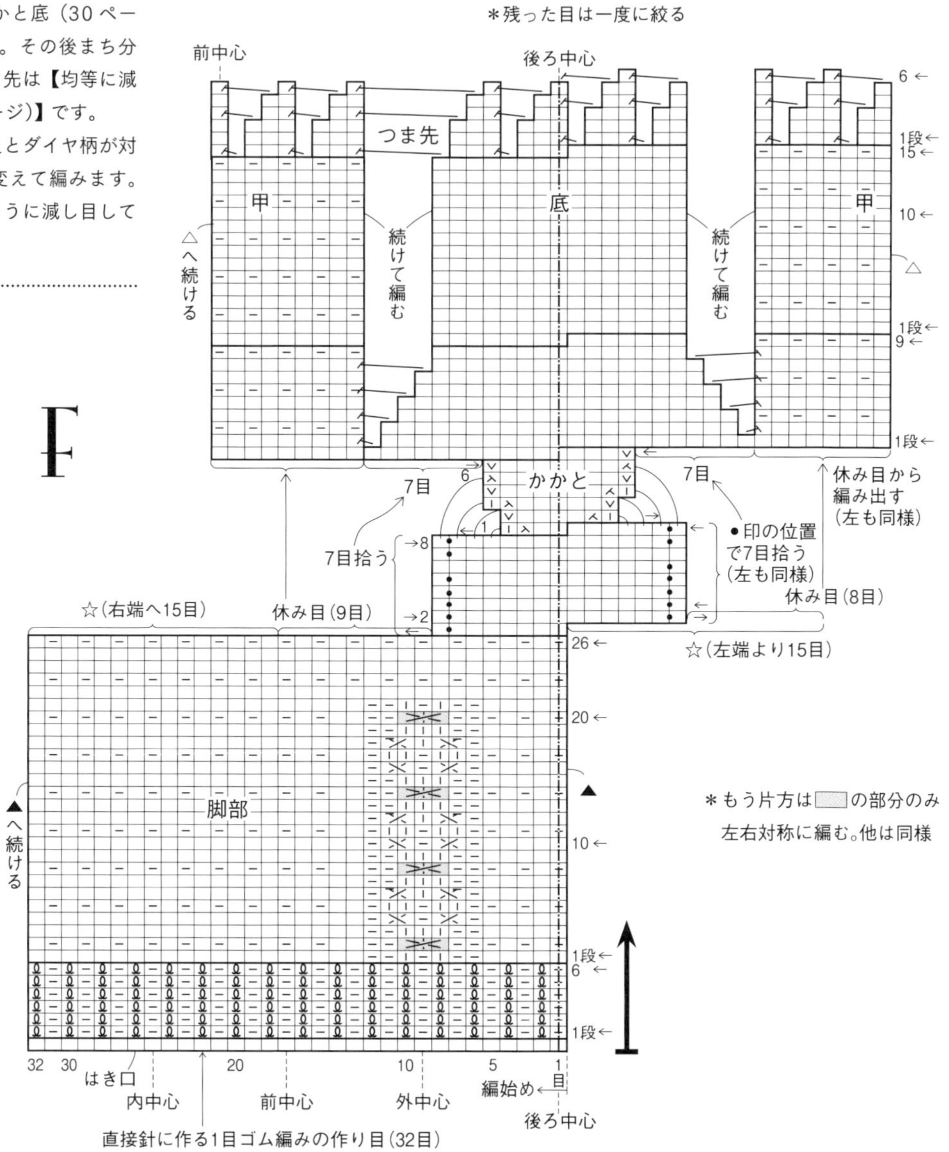

H

＊もう片方は□の部分のみ
左右対称に編む。他は同様

＊残った目は一度に絞る

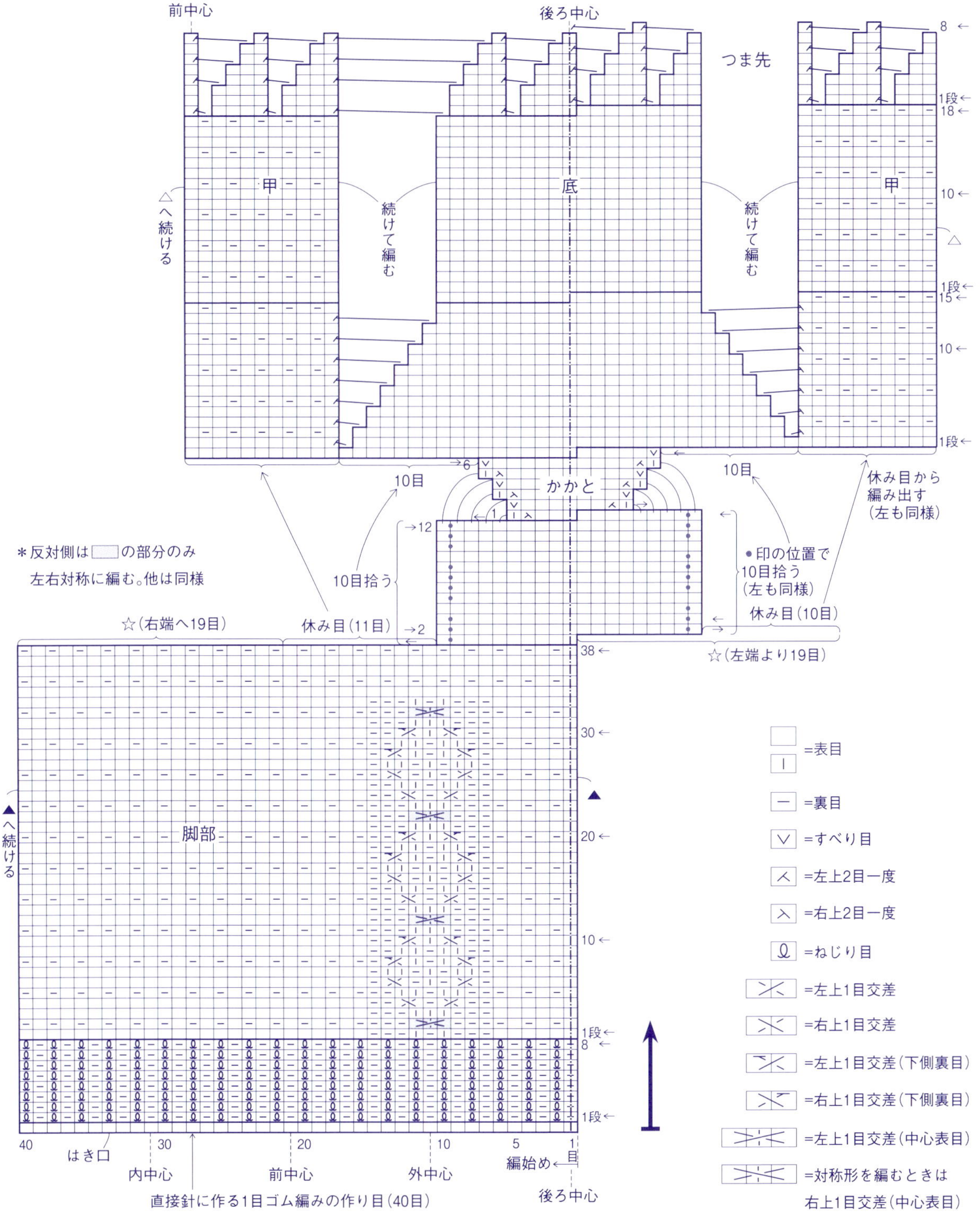

D

p.7

【材料】 ハマナカ　ソノモノスラブ《並太》の白（21）35g、薄グレー（22）15g、シェットランド製フェアアイル用毛糸（2プライ・ジャンパー・ウェイト・中細タイプ）の生成り（2006）15g、薄グレー（2008）少々
【用具】 8号（作り目のみ）、5号棒針
【ゲージ】 22目30段が10㎝四方
【でき上り寸法】 はき丈約11㎝、足底サイズ約11㎝、足甲回り約14㎝

▶毛糸は並太タイプと中細タイプをそれぞれ1本ずつ合わせて、2本どりで編みます。最初は薄グレーで編みます。指で針にかける作り目で32目作り、輪にしてメリヤス編みで14段編み、いったん目を休ませておきます。別に同様に白系の糸で作り目をし、メリヤス編みで10段編みます。薄グレーがはき口の内側になるように2枚の輪を重ね、白で左上2目一度の要領で重ねて編みます。以後は48ページFの編み方図と目数、段数を同じにすべてメリヤス編みで編みます。かかとの部分のみ、右図を参照してください。かかととつま先は薄グレーで編みます。

=かけ目してすべり目（左側の場合）
=かけ目してすべり目（右側の場合）
=表目

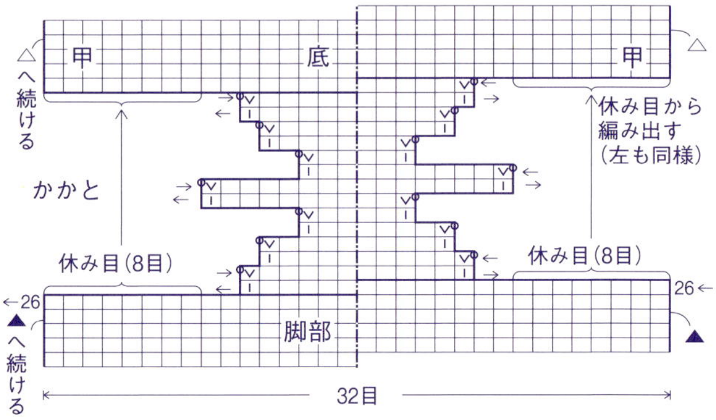

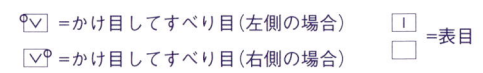

C

p.6

【材料】 ハマナカ　ソノモノスラブ《並太》の白（21）85g、薄グレー（22）30g、シェットランド製フェアアイル用毛糸（2プライ・ジャンパー・ウェイト・中細タイプ）の生成り（2006）40g、薄グレー（2008）5g
【用具】 8号（作り目のみ）、5号棒針
【ゲージ】 22目30段が10㎝四方
【でき上り寸法】 はき丈約20㎝、足底サイズ約21㎝、足甲回り約22㎝

▶毛糸は並太タイプと中細タイプをそれぞれ1本ずつ合わせて、2本どりで編みます。最初は薄グレーで編みます。指で針にかける作り目で48目作り、輪にしてメリヤス編みで20段編み、いったん目を休めておきます。別に同様に白系の糸で作り目をし、メリヤス編みで14段編みます。薄グレーがはき口の内側になるように2枚の輪を重ね、白で左上2目一度の要領で重ねて編みます。以後は40ページのAと目数、段数を同じにすべてメリヤス編みで編みますが、つま先は42ページBのつま先の形です。かかととつま先は薄グレーで編みます。

E

p.1

【材料】 シェットランド製フェアアイル用毛糸（2プライ・ジャンパー・ウェイト・中細タイプ）の生成り（2006）60g、クリーム色（202）60g
【用具】 5号棒針
【ゲージ】 22目30段が10㎝四方
【でき上り寸法】 はき丈約25㎝、足底サイズ約21.5㎝、足甲回り約22㎝

▶生成りとクリーム色各1本の2本どりで編みます。
脚部の模様の部分以外は44ページのGとすべて同じなので参照してください。

=表目
=裏目
=ねじり目
=左上1目交差
=右上1目交差
=左上1目交差（下側裏目）
=右上1目交差（下側裏目）
=左上1目交差（中心表目）
=右上1目交差（中心表目）

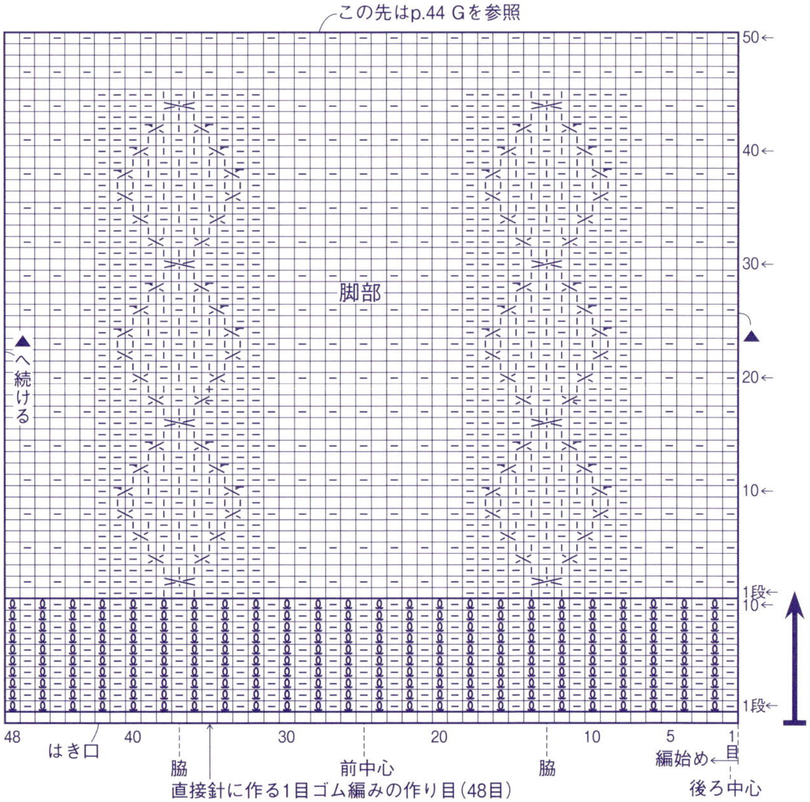

Q

p.91

【材料】スウェーデン製オステルヨートランド　キャラメル（中細タイプ）のダークキャラメル125g
【用具】２号、３号棒針
【ゲージ】メリヤス編み（３号棒針）29目40段が10㎝四方
【でき上り寸法】はき丈約22㎝、足底サイズ約21㎝、足甲回り約21㎝

▶編み方順序は、始めに脚部のバスケット編みをし、かかとからつま先、はき口の順に編みます。バスケット編みは、最初、三角形のモチーフ８枚を続けて１周（１列め）、次に四角いモチーフを前列から拾いながら編みつけて１周する（２～10列め）ことを繰り返します。

【かかと～つま先の編み方】
編み方図は80ページなので、参照してください。３号棒針でモチーフｃから均等に60目拾い、メリヤス編みで図のようにかかと、つま先まで編みます。かかとは**【引返し編みの方法（15ページ）】**、つま先は**【両サイドで均等に減らす方法（23ページ）】**で編みます。つま先に残った目はメリヤスはぎにします。拾い目はできるだけ、モチーフ編みの部分のメリヤス目がつながるように針を入れるときれいです。
【はき口の編み方】
２号棒針で編始めのモチーフａから均等に64目拾い、裏編み１段、両面ねじり１目ゴム編みを12段編んで、１目ゴム編み止めにします。

バスケット編み

【11列め・モチーフｃ】
モチーフｃの編始め位置から、ｂの側面を６目拾い、図のように２目一度で伏せながら編みます。２枚めからは、１枚めの最後の目が次のモチーフの１目めになるので、５目拾って６目とし、編み進めます。
１周したら編終りの目は糸を切って引き抜き、編始めの糸と結びます。以上でモチーフ部分が完成しました。

【３列め・モチーフｂ'】
モチーフｂ'の編始め位置に、新しく糸をつけ、ｂの側面の１目内側を６目拾います。裏側からの拾い目は、編み地の表側から針を入れて、裏目を編むように糸をかけて拾い出します。前列のモチーフと２目一度でつなぎながら11段編みます。同様に続けて計８枚編んで１周したら糸を切り、編始めの糸と結んでおきます。
同じ手順で10列めまでモチーフｂとｂ'を繰り返します。

【２列め・モチーフｂ】
モチーフｂの編始め位置に、新しく糸をつけ、ａの側面の１目内側を６目拾います（・印を拾う。この拾い目＝編み出した目が編み図ｂの１段めになる）。モチーフａと２目一度でつなぎながら11段編みます。１枚めが編めました。同様に計８枚編んで１周したら、いったん糸を切り、編始めの糸と結びます。

【１列め・モチーフａ】
〈１枚め〉
１段め　指で針にかける作り目２目
２段め　裏編み２目
３段め　巻き増し目１目、表編み２目
４段め　裏編み３目
５段め　巻き増し目１目、表編み３目
～　　　同様に繰り返します。
12段め　裏編み７目
〈２枚め〉
１段め　巻き増し目１目、表編み１目。１枚めの残りの６目は針に残したままにしておきます。
２段め　裏編み２目
３段め　巻き増し目１目、表編み２目
～
同様に繰り返し、モチーフを８枚編んで、いったん糸を切り、編始めと終りの糸を結んで、輪にします。

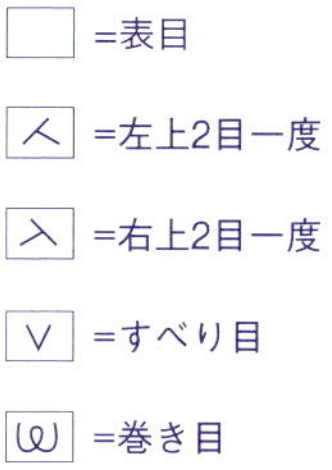

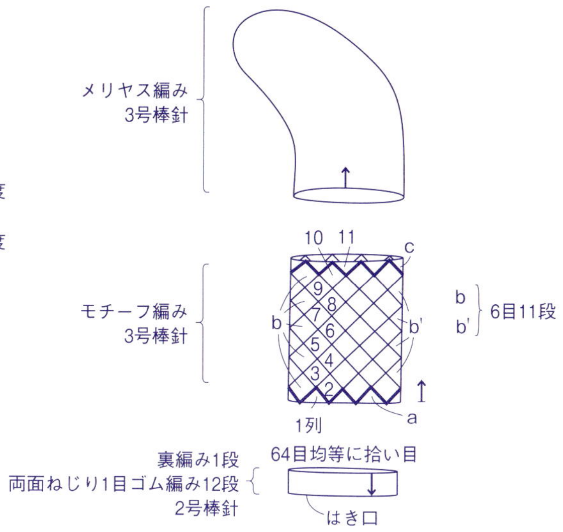

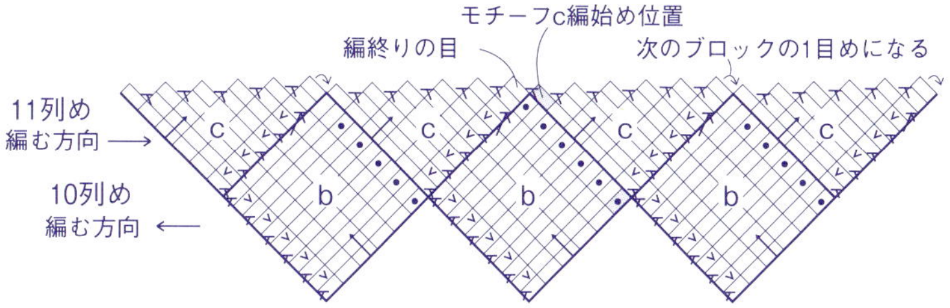

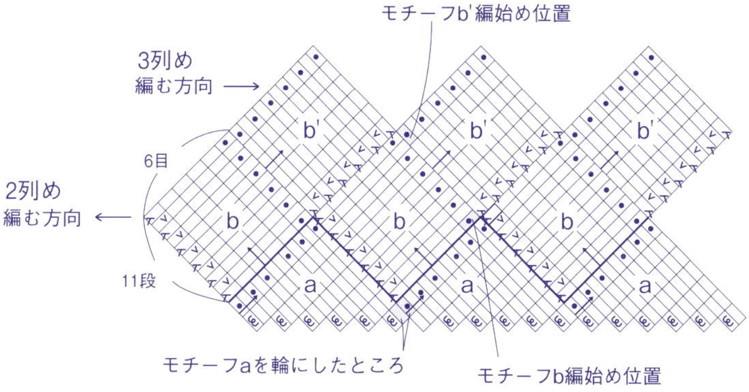

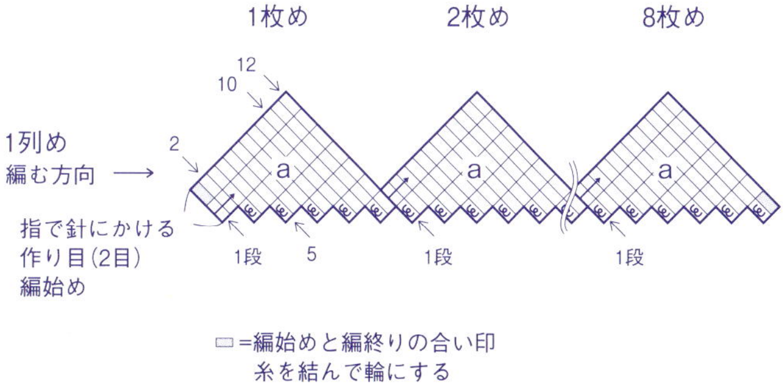

J

p.81

【材料】シェットランド製フェアアイル毛糸（2プライ・ジャンパー・ウェイト・中細タイプ）の霜降りの黒（81）70g、余り糸など各色計25g
【用具】2号棒針
【ゲージ】編込み模様36目36段が10cm四方
【でき上り寸法】はき丈約14cm、足底サイズ約22cm、足甲回り約20cm

▶この作品は、地糸は霜降りの黒ですが、配色は、ゴム編み部分は好みの色を好みの段数、本体の編込み部分は3段ごとに適宜色を入れて編んでください。また、本体の編込みの模様の形も、3段ごとの模様ですが、基本は十字の形、時々自由な位置で四角に埋める、というものです。
はき口はフェアアイルの作り目で72目作り、輪にして2目ゴム編みの編込み模様から編み始めます。
かかとは【ボックス型のかかと＋引返し編みのかかと底（30ページ）】を編み、つま先部分は、親指側と残りの4本分に分けて編みます。
つま先は、右と左の編み方が変わります。

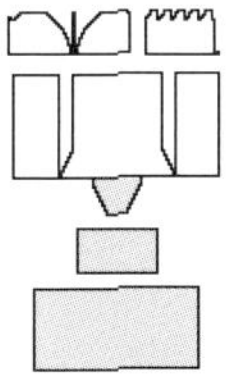

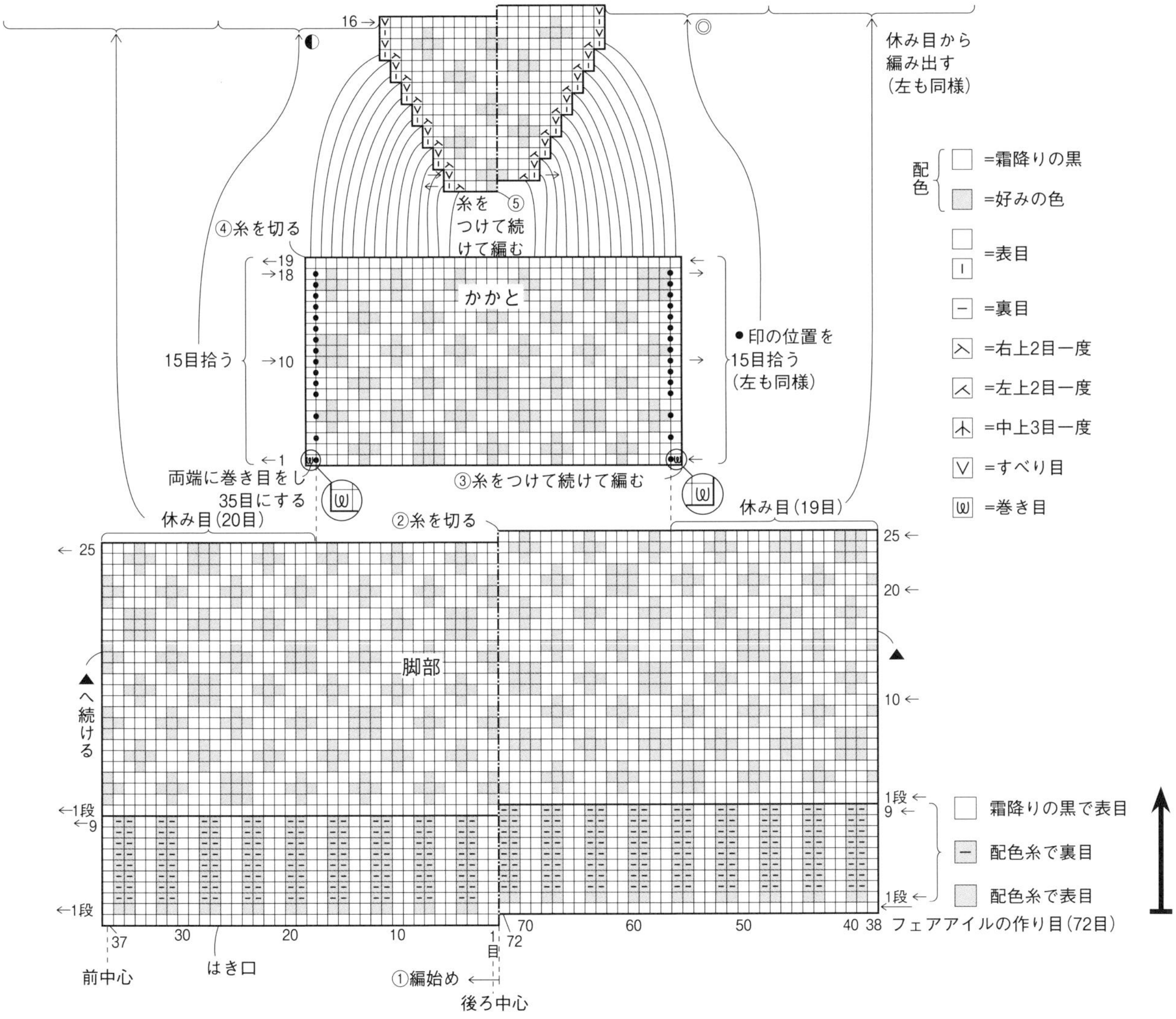

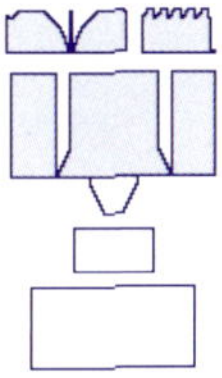

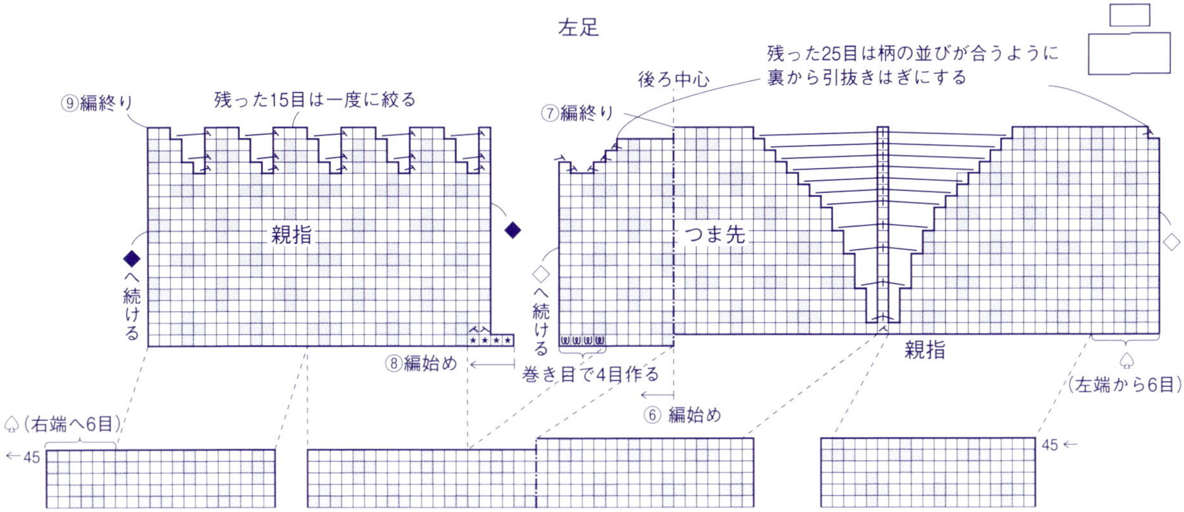
左足
残った25目は柄の並びが合うように
裏から引抜きはぎにする
⑨編終り
残った15目は一度に絞る
後ろ中心
⑦編終り
親指
つま先
◆へ続ける
◇へ続ける
◇
巻き目で4目作る
⑧編始め
⑥ 編始め
親指
♤(左端から6目)
♤(右端へ6目)
←45
45←

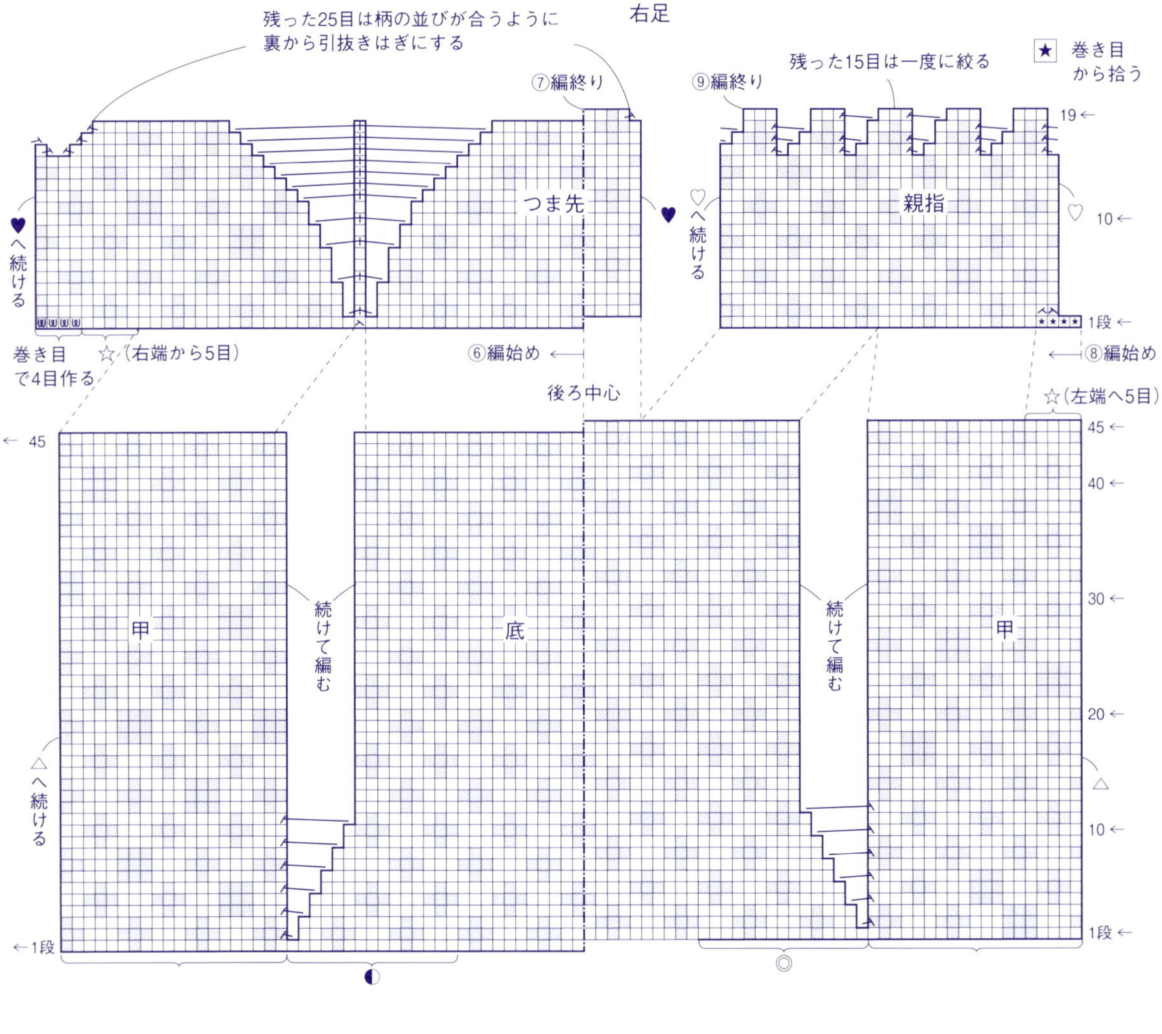
残った25目は柄の並びが合うように
裏から引抜きはぎにする
右足
★ 巻き目から拾う
⑦編終り
⑨編終り
残った15目は一度に絞る
19←
つま先
親指
♥へ続ける
♥
♡へ続ける
♡
10←
1段←
巻き目で4目作る
☆(右端から5目)
⑥編始め
⑧編始め
後ろ中心
☆(左端へ5目)
← 45
45←
40←
甲
続けて編む
底
続けて編む
甲
30←
20←
△へ続ける
△
10←
←1段
1段←
◐
◎

K

p.82

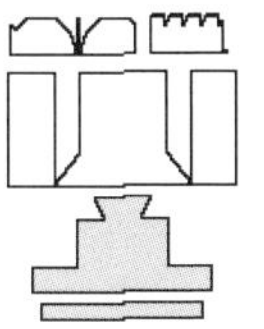

【材料】 シェットランド製フェアアイル毛糸（2プライ・ジャンパー・ウェイト・中細タイプ）の青（21）40g、ブルーグレー（FC61）30g

【用具】 2号、3号棒針

【ゲージ】 編込み模様（3号棒針）35目35段が10㎝四方

【でき上り寸法】 はき丈約10.5㎝、足底サイズ約22㎝、足甲回り約23㎝

▶はき口はフェアアイルの作り目で72目作り、2号棒針で輪にして変りゴム編みから編み始めます。編込み模様からは目を増して80目にし、かかとからは3号棒針で編みます。かかとは【ボックス型のかかと＋引返し編みのかかと底（30ページ）】を編み、つま先部分は、親指側と残りの4本分に分けて編みます。編込み模様の図案はきれいにおさまるように、微調整して配置してありますので、編み方図を参照してください。

つま先は、右と左の編み方が変わります。

配色
- □ =青
- ▨ =ブルーグレー

- □ ｜ =表目
- − =裏目
- 入 =右上2目一度
- 人 =左上2目一度
- 木 =中上3目一度
- V =すべり目
- Ⓦ =巻き目
- ℓ =ねじり増し目

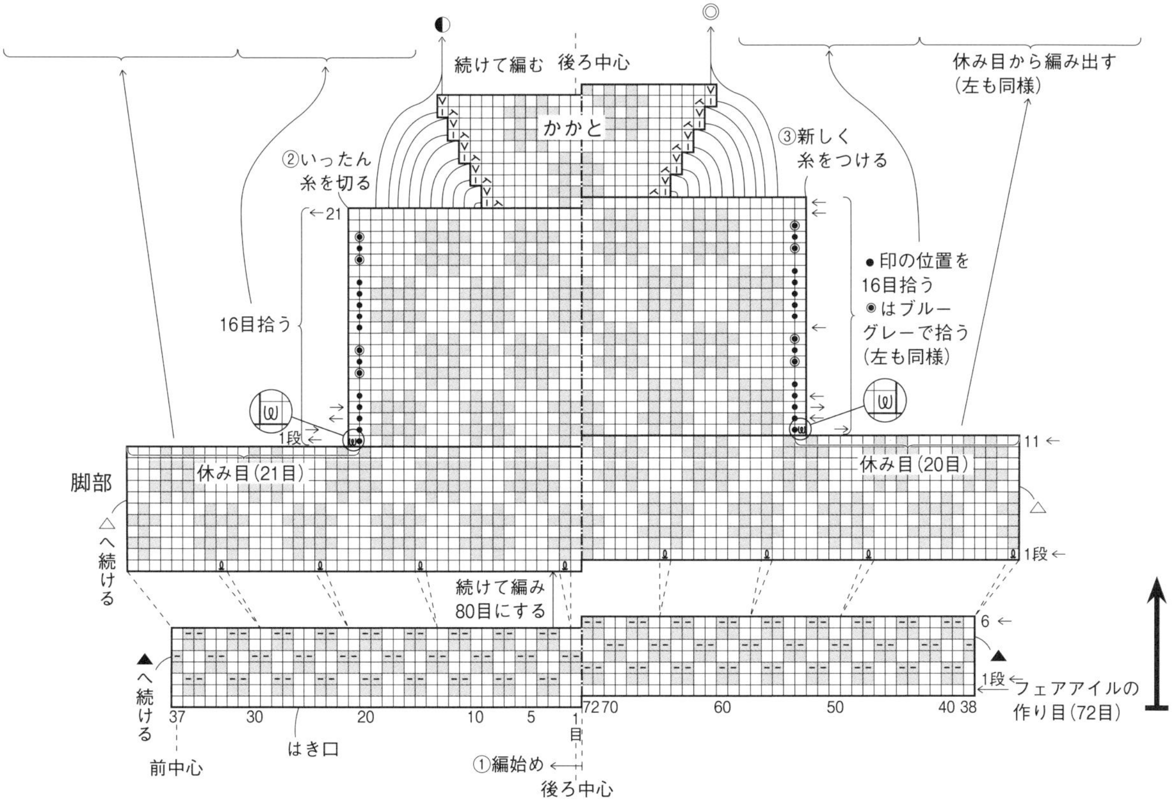

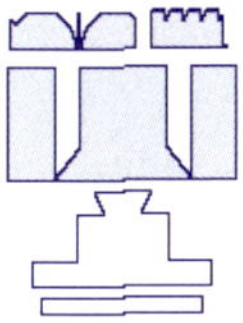

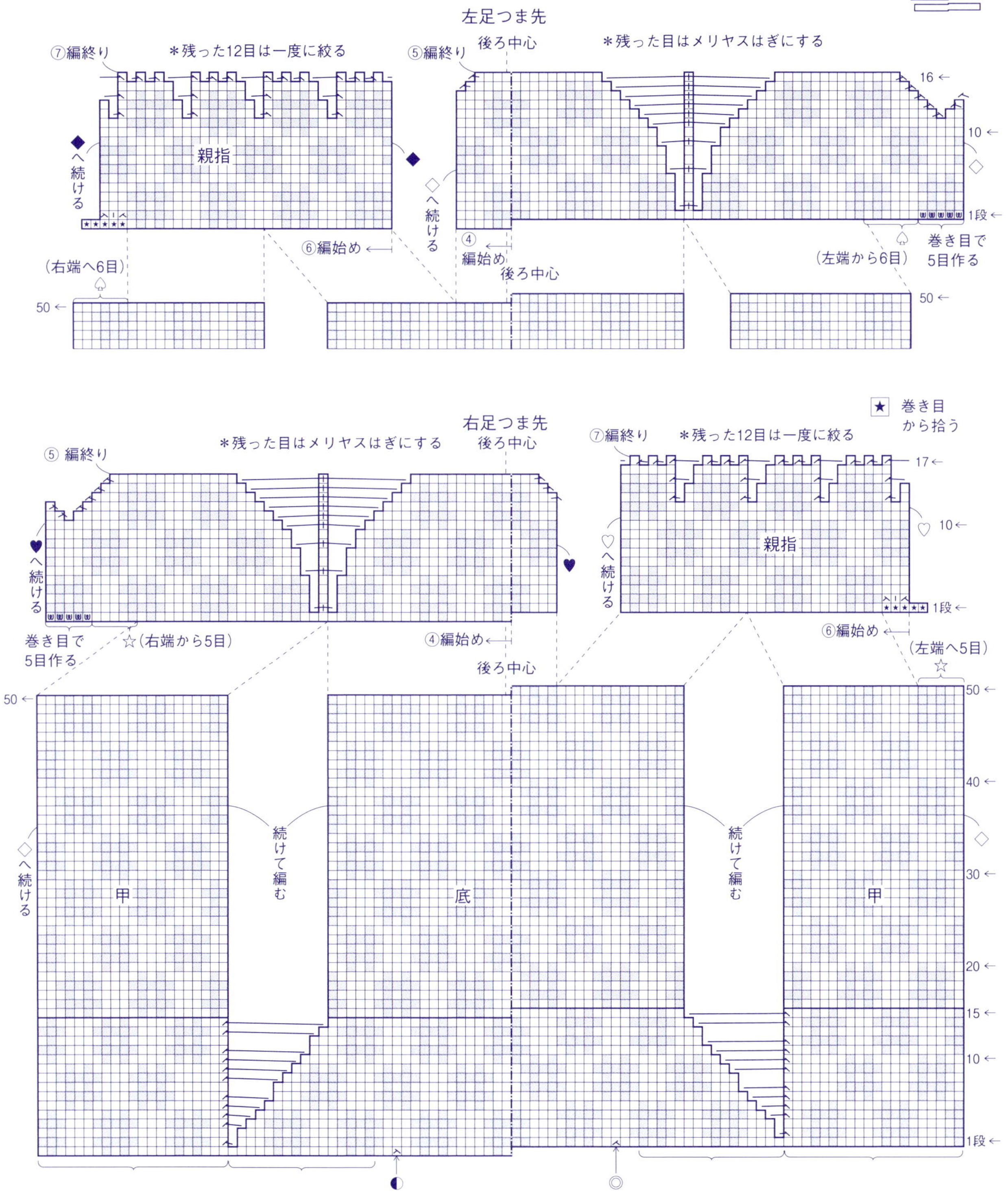
左足つま先
⑦編終り
＊残った12目は一度に絞る
⑤編終り
後ろ中心
＊残った目はメリヤスはぎにする
16 ←
10 ←
1段 ←
親指
◆へ続ける
◆
◇へ続ける
◇
⑥編始め ←
④編始め ←
後ろ中心
(右端へ6目)
(左端から6目)
巻き目で5目作る
50 ←
50 ←
右足つま先
後ろ中心
⑤ 編終り
＊残った目はメリヤスはぎにする
⑦編終り
＊残った12目は一度に絞る
17 ←
★ 巻き目から拾う
♥へ続ける
♥
♡へ続ける
♡
10 ←
親指
1段 ←
巻き目で5目作る
☆(右端から5目)
④編始め ←
⑥編始め ←
後ろ中心
(左端へ5目)
☆
50 ←
50 ←
40 ←
◇へ続ける
続けて編む
続けて編む
◇
甲
底
甲
30 ←
20 ←
15 ←
10 ←
1段 ←
◐
◎

L

p.84

【材料】アイルランド製アラン用毛糸（細番手２プライ・中細タイプ）の薄グレー100g
【用具】６号（作り目のみ）、４号棒針
【ゲージ】メリヤス編み23目37段が10㎝四方
【でき上り寸法】はき丈約21.5㎝、足底サイズ約22㎝、足甲回り約21.5㎝
▶６号棒針を使って指で針にかける作り目を64目作り、４号棒針で輪にして編みます。かかとは【ボックス型のかかと＋四角いかかと底（26ページ）】を編みますが、かかとから甲へ移るときの拾い目は、左右とも、かかと丈側面のすべり目の半目をねじって８目拾います。つま先は【両サイドで均等に減らす方法（23ページ）】、編終りは10目をメリヤスはぎにします。

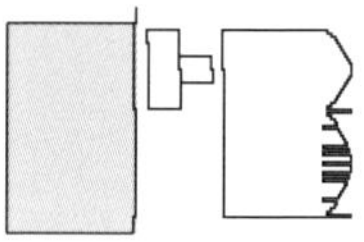

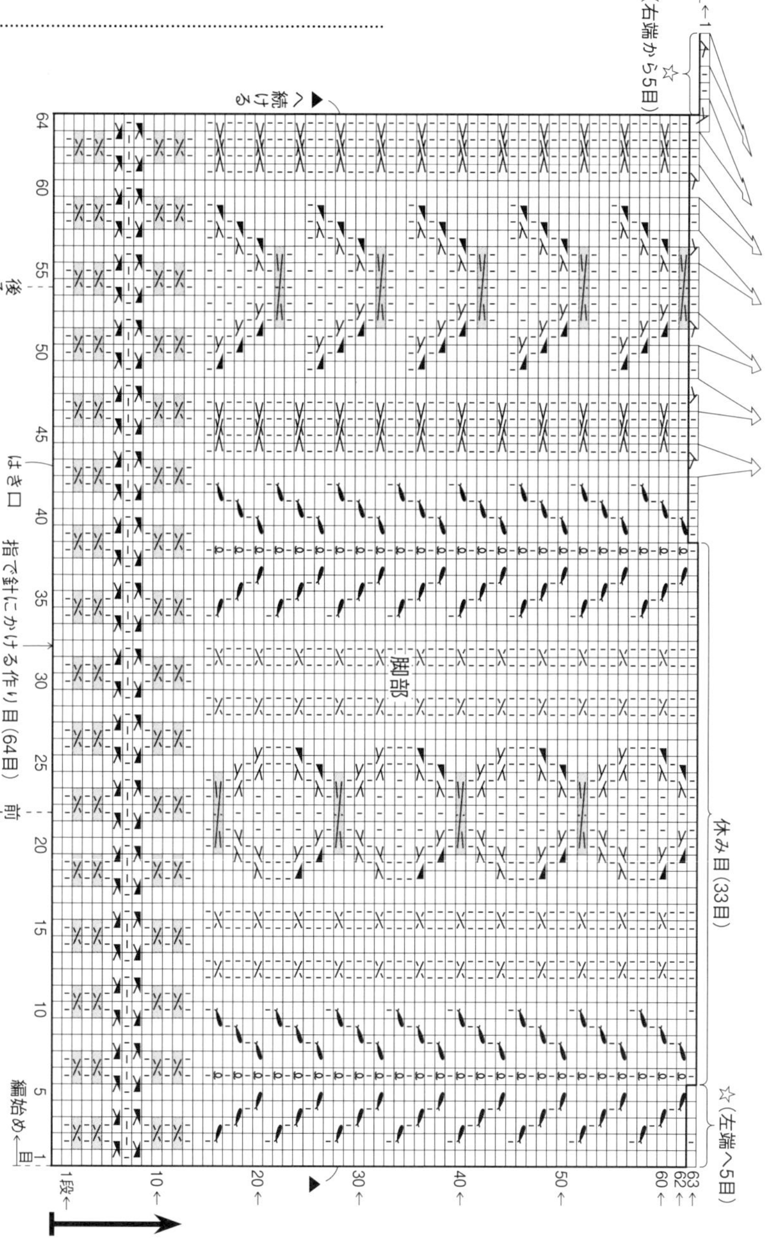

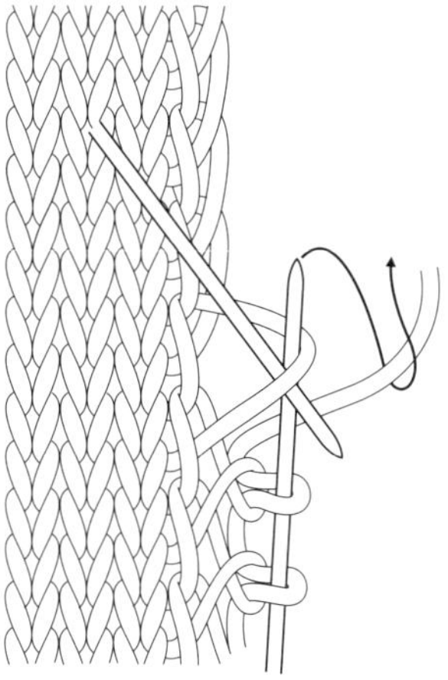

かかとから甲へ移るときの拾い目
すべり目の半目をねじって拾う

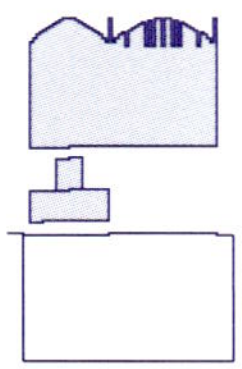

＊もう片方は の部分のみ左右対称に編む。他は同様
＊残った目はメリヤスはぎにする

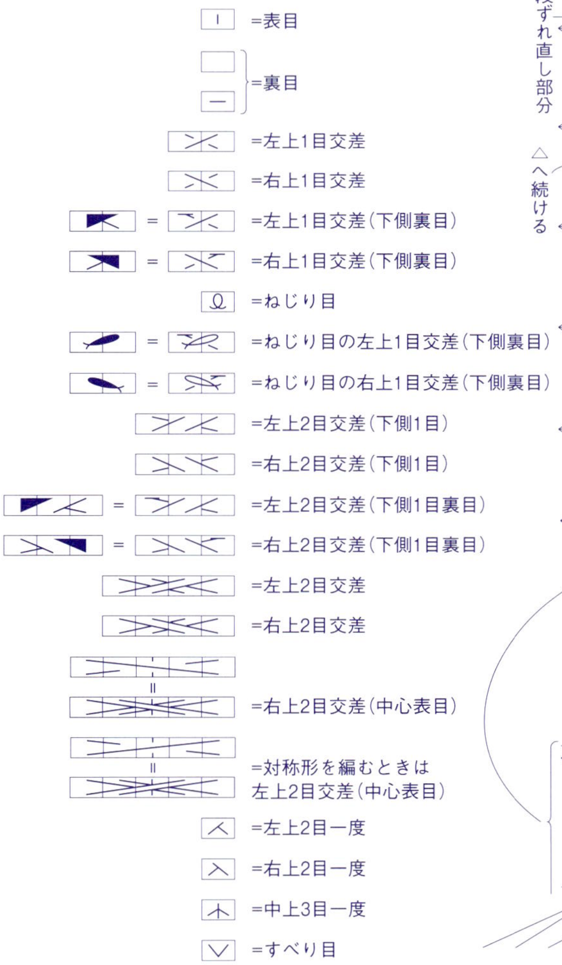

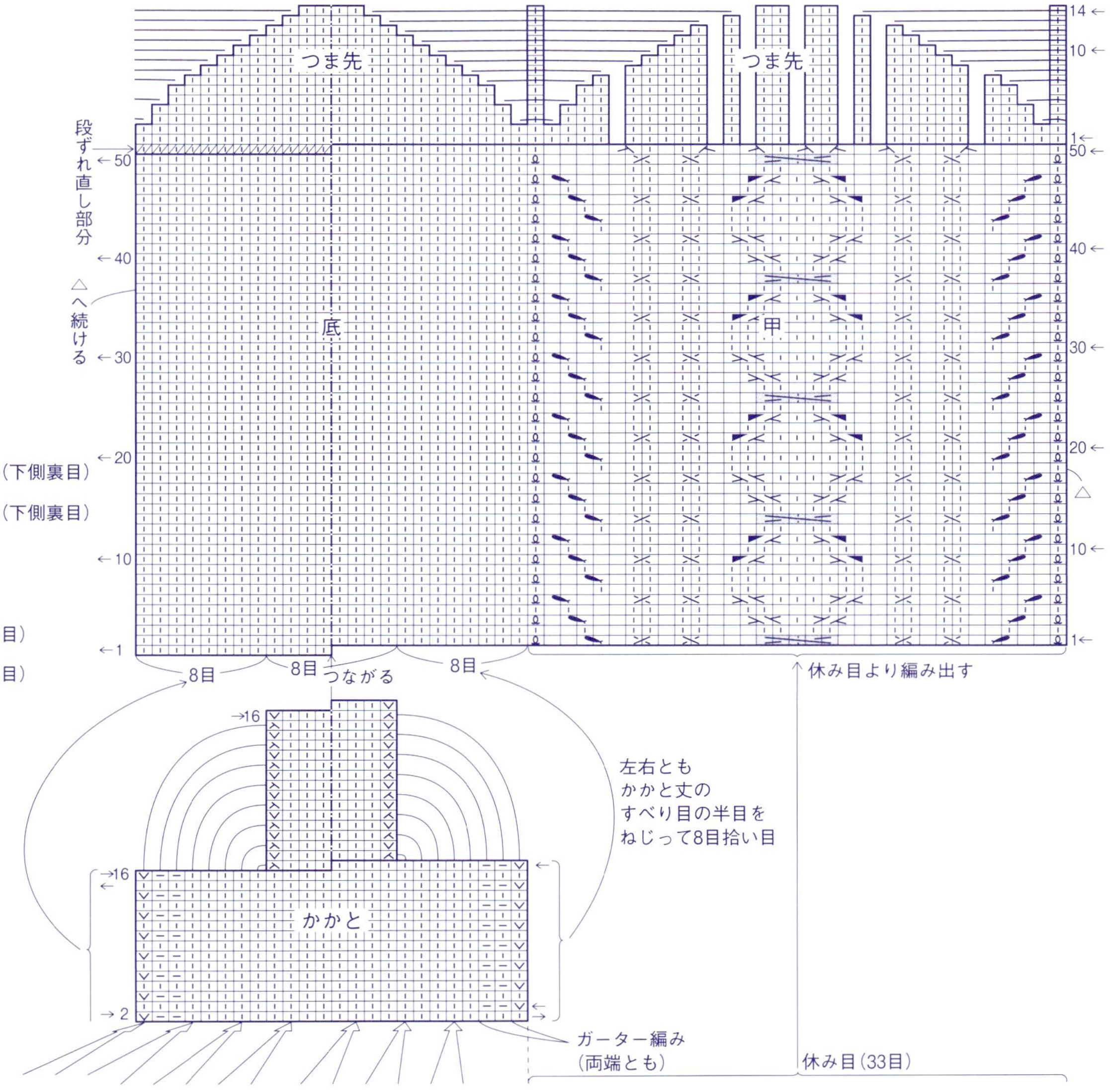

M

p.86

【材料】シェットランド製フェアアイル毛糸（2プライ・ジャンパー・ウェイト・中細タイプ）の深紫（87）70g、クリーム色（202）60g

【用具】8号（作り目のみ）、5号、4号、3号棒針

【ゲージ】編込み模様（4号棒針）32目32段、編込み模様（3号棒針）35目35段が10㎝四方

【でき上り寸法】はき丈約40㎝、足底サイズ約22㎝、足甲回り約21㎝

▶深紫で、指で針にかける作り目を96目作り、5号棒針で輪にしてはき口の透し編みを14段編みます。次からは、4号棒針に替え、2色で編込み模様（子どもパターン、雪柄、ダイヤ柄）を編みますが、ふくらはぎの部分では、途中で減し目をして形を作ります。その後は3号棒針で最後まで編みます。かかとは【ボックス型のかかと＋四角いかかと底（26ページ）】、つま先は6等分にして減らし、最後に残った12目は一度に絞ります。

□ =表目

− =裏目

=右上3目一度

=右上2目一度

=左上2目一度

○ =かけ目

=中上3目一度

=ねじり増し目

配色
=深紫
□ =クリーム色

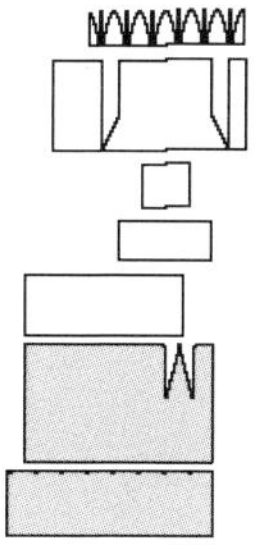

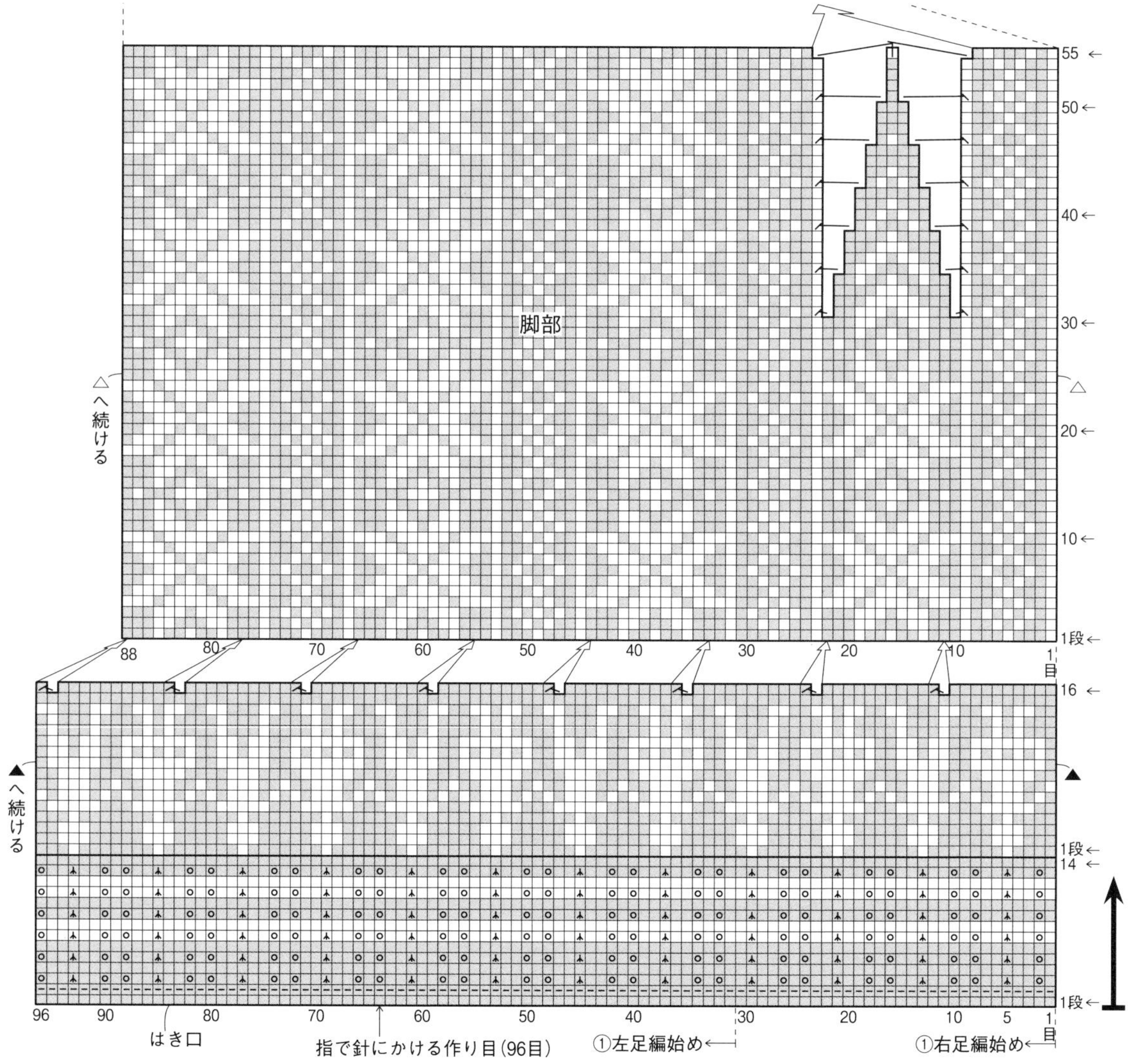

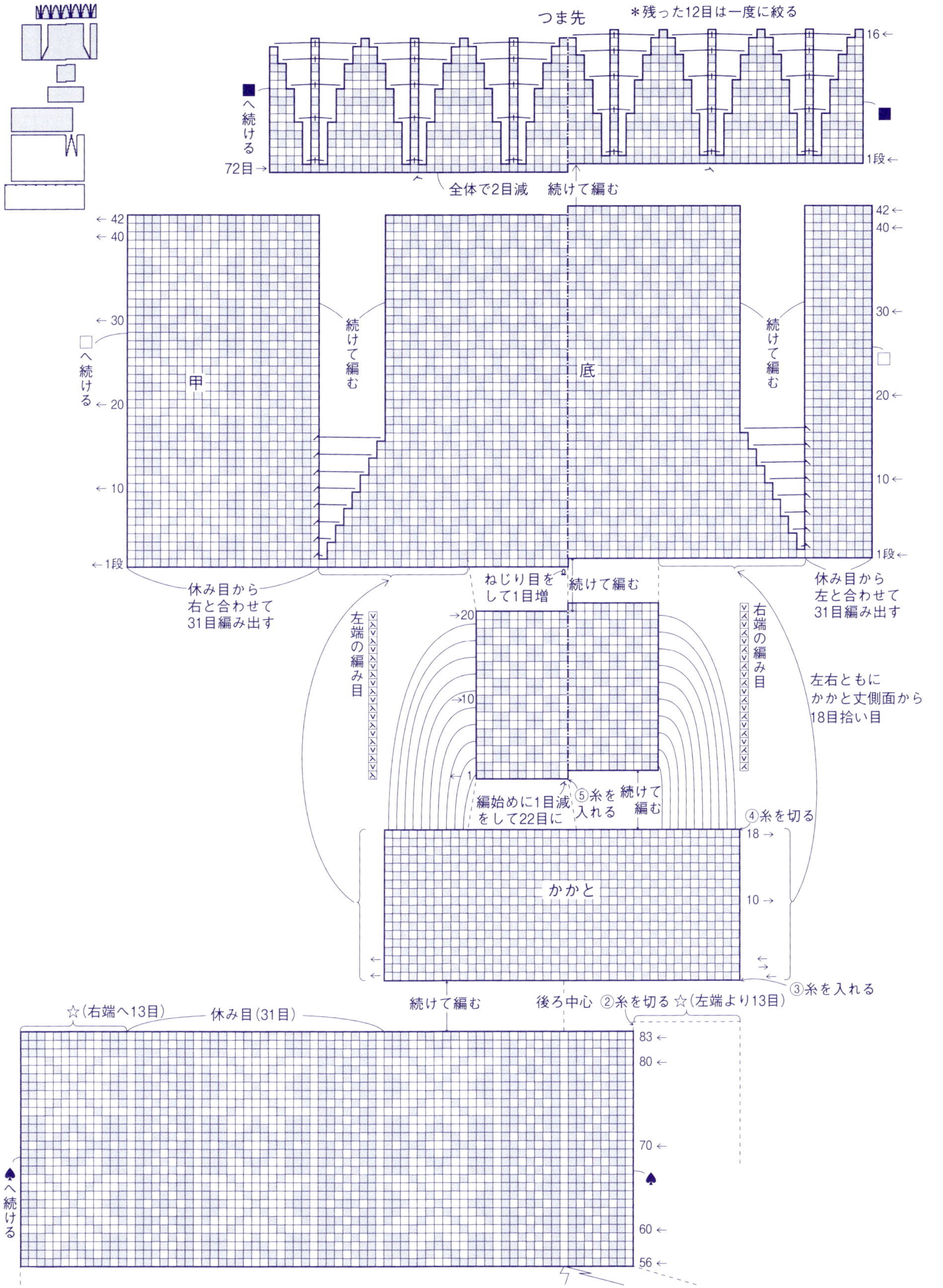
つま先
＊残った12目は一度に絞る
■へ続ける
■
72目→
1段←
全体で2目減
続けて編む
□へ続ける
甲
続けて編む
底
続けて編む
□
1段
休み目から右と合わせて31目編み出す
ねじり目をして1目増
続けて編む
休み目から左と合わせて31目編み出す
左端の編み目
右端の編み目
左右ともにかかと丈側面から18目拾い目
編始めに1目減をして22目に
⑤糸を入れる
続けて編む
④糸を切る
かかと
③糸を入れる
続けて編む
後ろ中心
②糸を切る
☆（左端より13目）
☆（右端へ13目）
休み目（31目）
♠へ続ける
♠

N

p.88

【材料】パピークイーンアニー（並太タイプ）のカーキ色（945）140g
【用具】5号棒針
【ゲージ】裏メリヤス編み23目30段が10㎝四方
【でき上り寸法】はき丈約23㎝、足底サイズ約21.5㎝、足甲回り約21㎝

▶はき口は、別鎖の作り目で18目作り、模様編みで72段編みます、作り目の鎖をほどいて表編み、裏編みの目なりにはぎ合わせ、輪にします。
その1目めと2目めの間からまんべんなく全体で48目拾い出し、脚部のケルトパターンの模様編みを編みます。編み方図の中で空白になっている部分は続けて編んでください。
足首からつま先までは裏メリヤス編みです。かかとは【ボックス型のかかと＋引返し編みのかかと底（30ページ）】、つま先は【両サイドで均等に減らす方法（23ページ）】です。

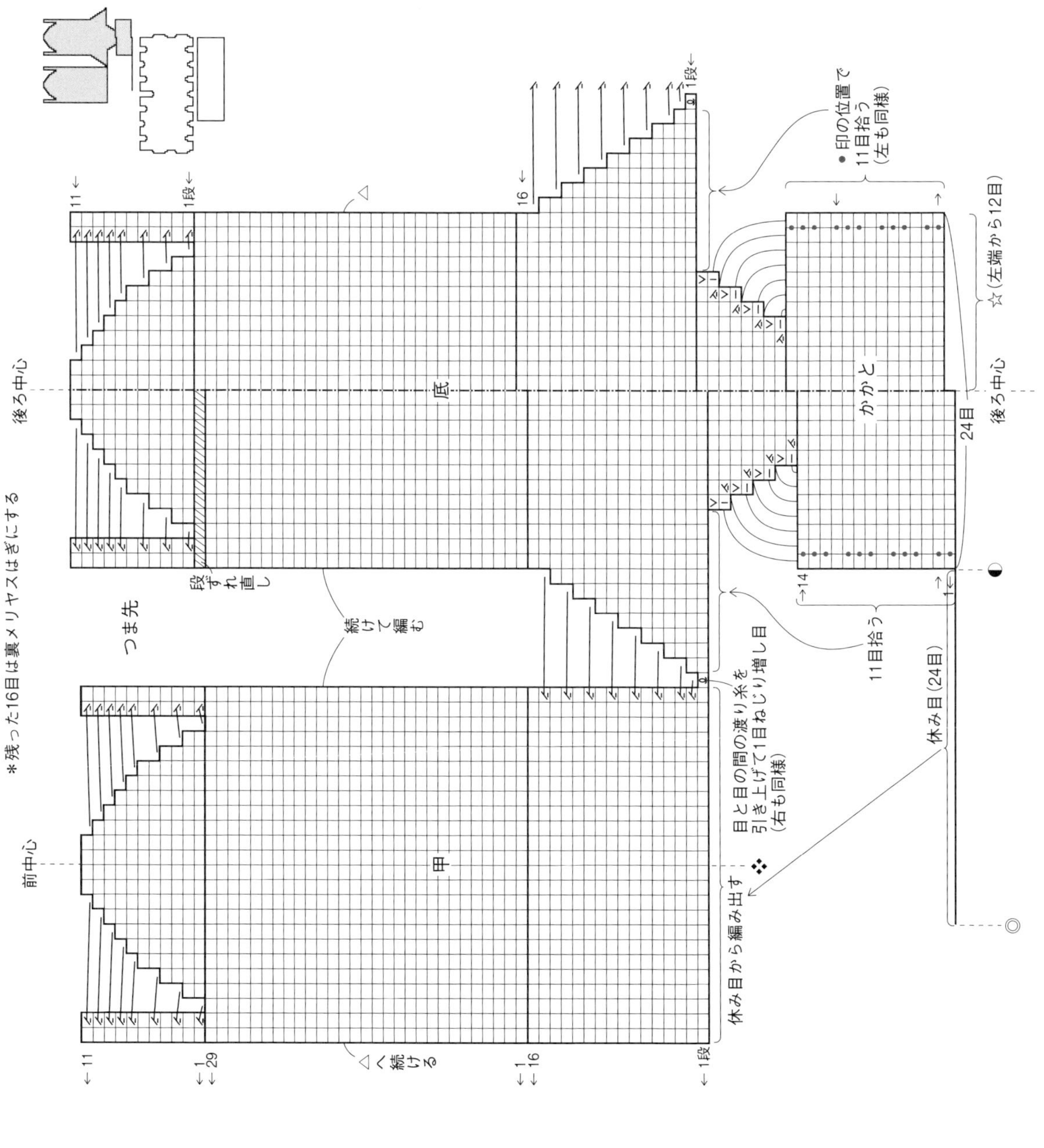

＊もう片方は□の部分のみ左右対称に編む。他は同様

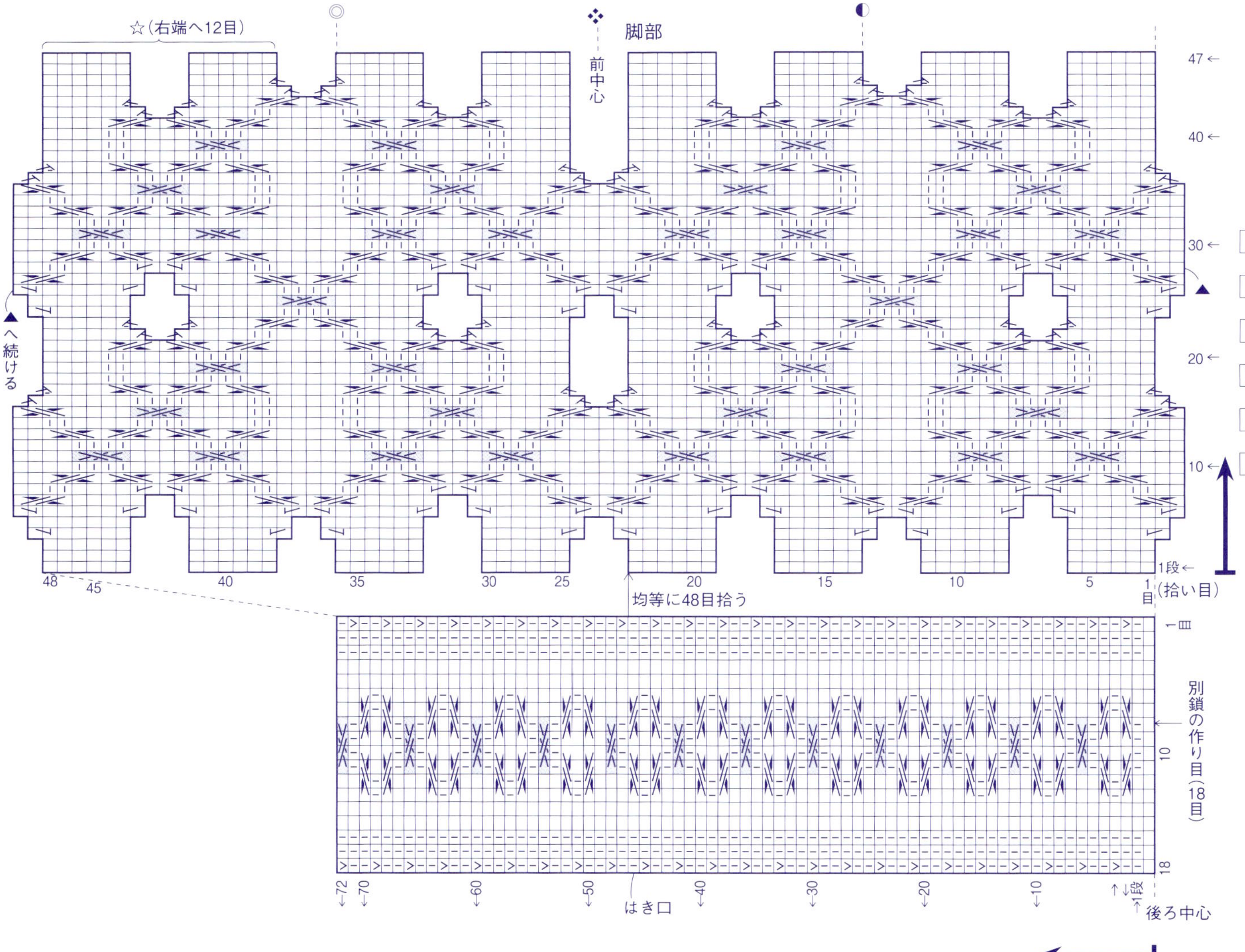

- =ねじり増し目
- =左増し目
- =右増し目
- =左上2目一度
- =右上2目一度
- =左上2目一度（裏目）
- =右上2目一度（裏目）
- =左上2目交差
- =右上2目交差
- =左上2目交差（下側は裏目）
- =右上2目交差（下側は裏目）
- =すべり目
- =表目
- =裏目

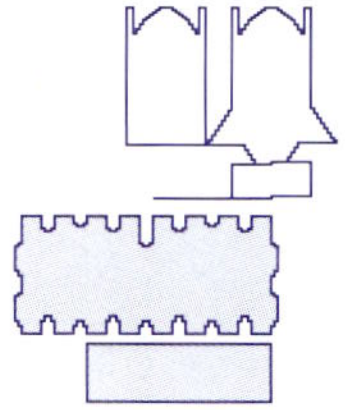

O

p.89

【材料】シェットランド製フェアアイル毛糸（2プライ・ジャンパー・ウェイト・中細タイプ）の白(2001)55g、黒(2005)60g

【用具】3号棒針

【ゲージ】編込み模様35目35段が10cm四方

【でき上り寸法】はき丈約25cm、足底サイズ約22cm、足甲回り約23cm

▶黒糸で、フェアアイルの作り目で80目作り、輪にして編み始めます。フェアアイルの編込みで1段めは2色とも表編み、2段めからは2目ゴム編みを編みます。その次の白ベースの部分は、イニシャルなど好みのものを編み込むといいでしょう。

かかとは【ボックス型のかかと＋引返し編みのかかと底（30ページ）】、つま先は10等分にして均等に減らして（32ページの応用）編みます。

なお、つま先は黒1色ですが、他の部分と厚みを合わせるためと、補強の意味もあり、黒と黒で1目ずつ交互の編込みにしています。

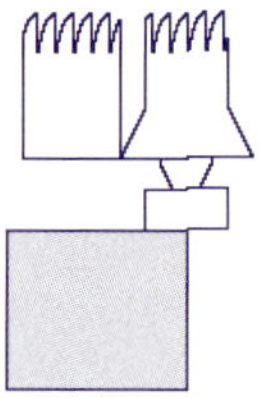

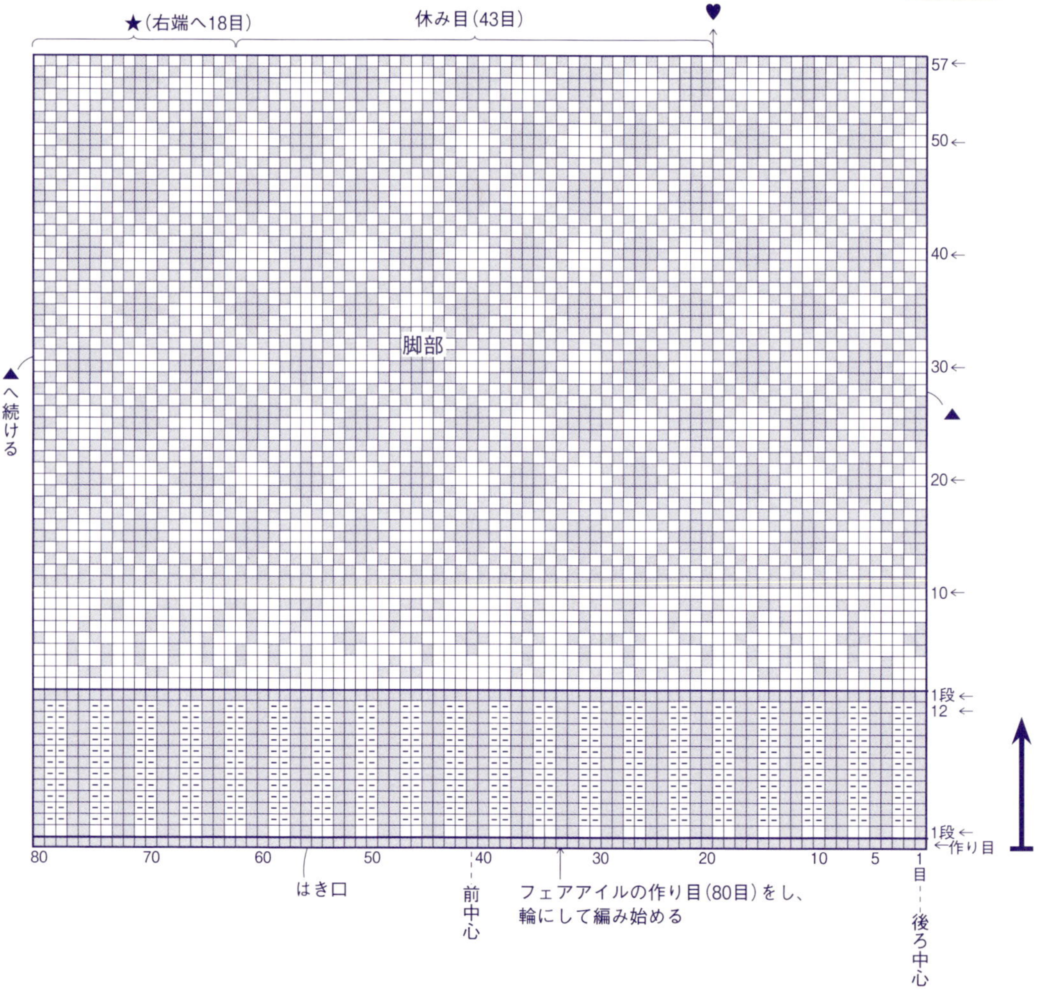

- 配色
  - 白
  - 黒
- 表目
- 裏目
- 右上2目一度
- 左上2目一度
- すべり目

＊もう片方は対称の減目に

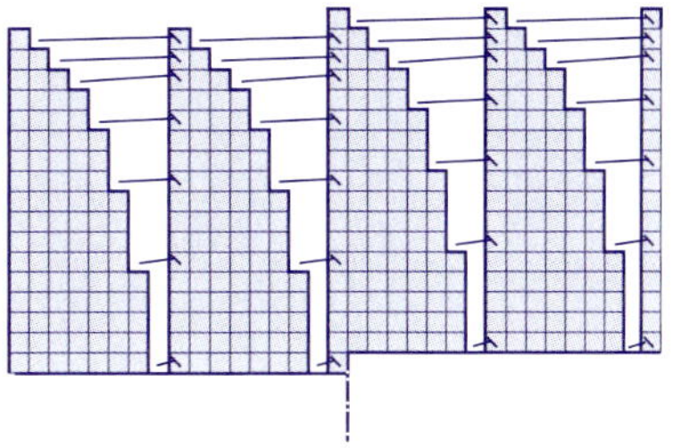

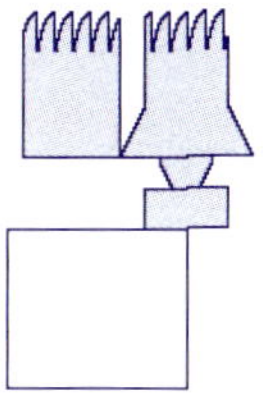

＊残った10目は一度に絞る

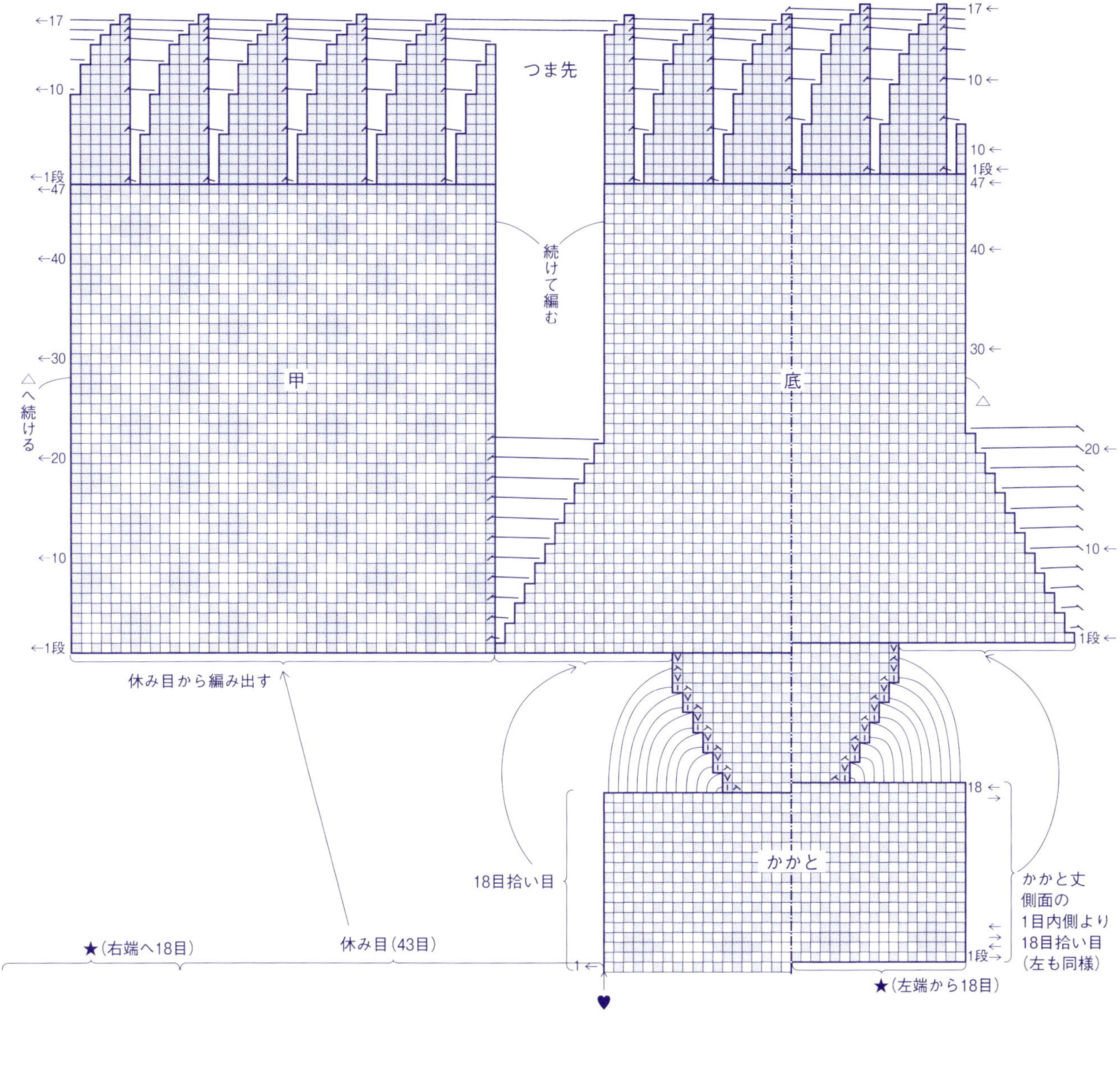

R

p.94

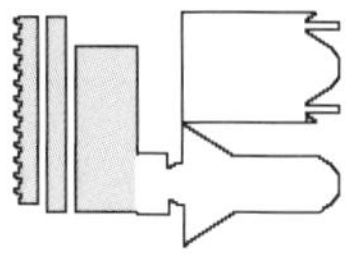

【材料】パピーニュー３PLY（合細タイプ）のえんじ（328）55g
【用具】１号棒針
【ゲージ】メリヤス編み34目43段が10㎝四方
【でき上り寸法】はき丈約15㎝、足底サイズ約21.5㎝、足甲回り約20㎝

▶①別鎖の作り目９目から始めます。縁編みは８段１模様を12回編み（96段）、後から別鎖をほどき、ガーターはぎで輪にします。
②①の縁編みの端は、２段ごとにかけ目で作ったループ（穴）になっているので、図のように１つのループから表目、裏目と２目編み出し、次のループも同じようにし、３つめのループからは表目１目編み出します。６段（３つのループ）から５目編み出すことを繰り返し、96段から80目編み出します。
80目で２目ゴム編みを40段編みます。模様編みに入るときに、縁編みと２目ゴム編みの裏側を見て編み進めます。逆回りになるので、穴があかないように引返し編みの要領でかけ目、すべり目をし、次の段で２目一度にします。模様のダイヤ柄の部分は、前段14目を11目に減らします。
かかとを編み始めるときに両端で巻き増し目をします。かかとは【ボックス型のかかと＋引返し編みのかかと底（30ページ）】で編みます。
まちの拾い目の際に、甲との境目の渡り糸を引き上げてねじり増し目にします。
つま先は【両サイドで均等に減らす方法（23ページ）】で、残った12目と12目をメリヤスはぎにします。

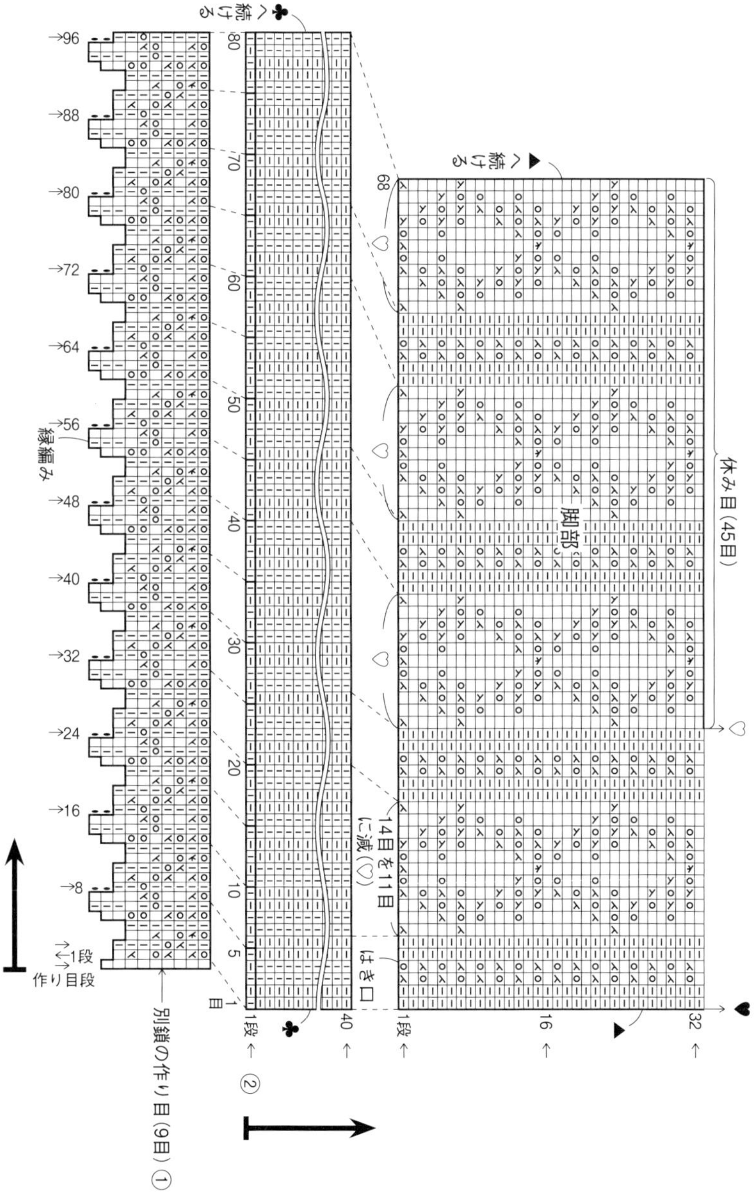

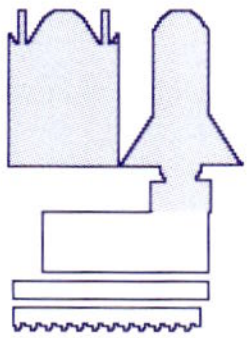

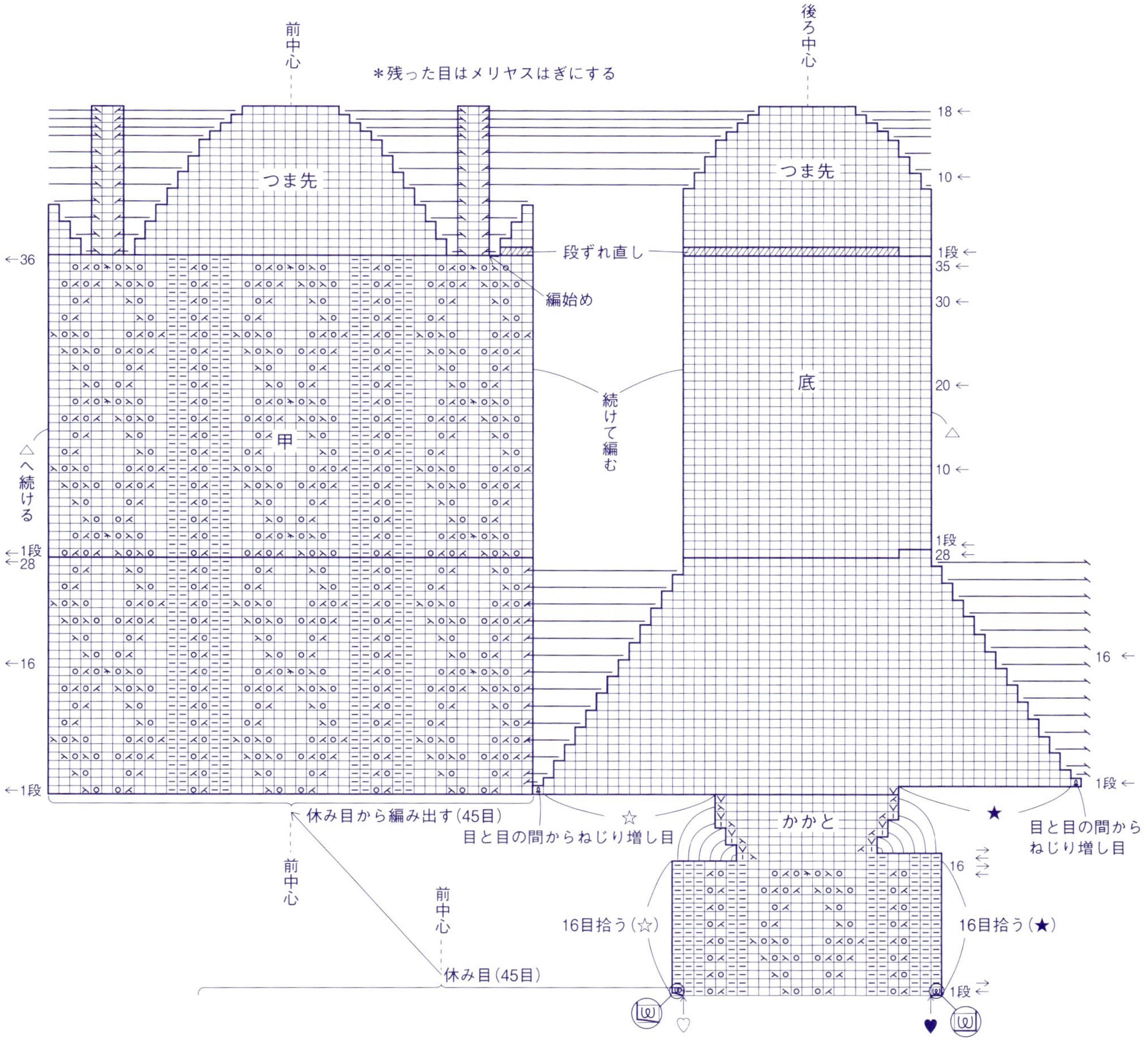

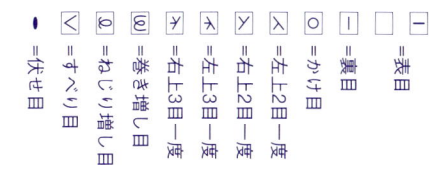

- | ＝表目
- □ ＝表目
- − ＝裏目
- ○ ＝かけ目
- ＝左上2目一度
- ＝右上2目一度
- ＝左上3目一度
- ＝右上3目一度
- ＝巻き増し目
- ＝ねじり増し目
- V ＝すべり目
- ● ＝伏せ目

S

p.96

【材料】ハマナカ ツィードバザール（中細タイプ）の黒(10)55g、クリーム色(1)50g
【用具】3号、5号棒針
【ゲージ】編込み模様（5号棒針）28目28段が10㎝四方
【でき上り寸法】はき丈約22㎝、足底サイズ約21㎝、足甲回り約22㎝

▶別鎖の作り目で60目作り、3号棒針を使い、輪にして黒糸でメリヤス編みを7段、その後裏目の段を1段編みます(折返しの部分)。
5号棒針とクリーム色の糸に替え、模様図の1段めからフェアアイルの編込み模様を編みます。
①の甲側の増し目……甲側の両サイドで1目ずつ増し目をします（脇の目とその内側の目の間の、黒糸の渡り糸をねじって増し目に）。左右はそれぞれねじり方を反対にします。模様図は増し目をした状態のものです。
②のかかとの引返し編み……両側（面）とも毎段、編終り側で1目ずつ残し、編み地を返して戻りますが、その際に、右針に、黒とクリーム色2本（2色）でかけ目をして戻ります。段消しの位置で、かけ目2本（2色）と残した目を2目一度にします（両サイドとも残した目が表面になるようにします）。
③の甲側の減目……甲側の両サイドで1目ずつ減らします（脇の目を立てて2目一度）。模様図は目を減らした状態のものです。
つま先は両側の1目を立てて中上3目一度で形作り、残った12目はメリヤスはぎにします。
はき口は作り目の鎖編みをほどき、裏目の段を折り山にし、裏へ折り返してまつります。

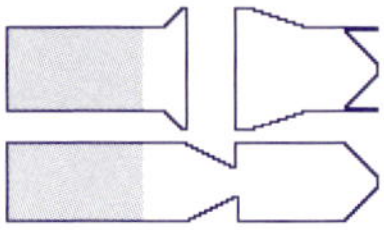

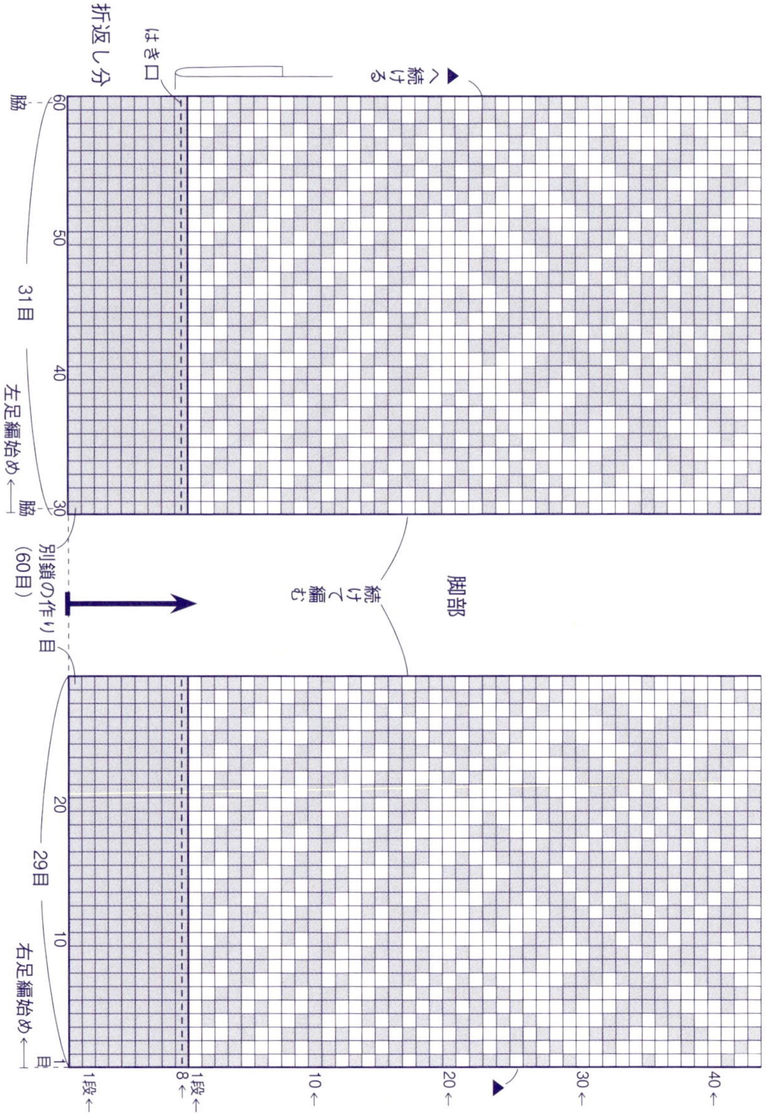

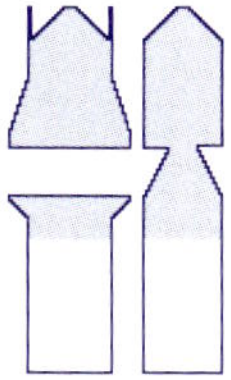

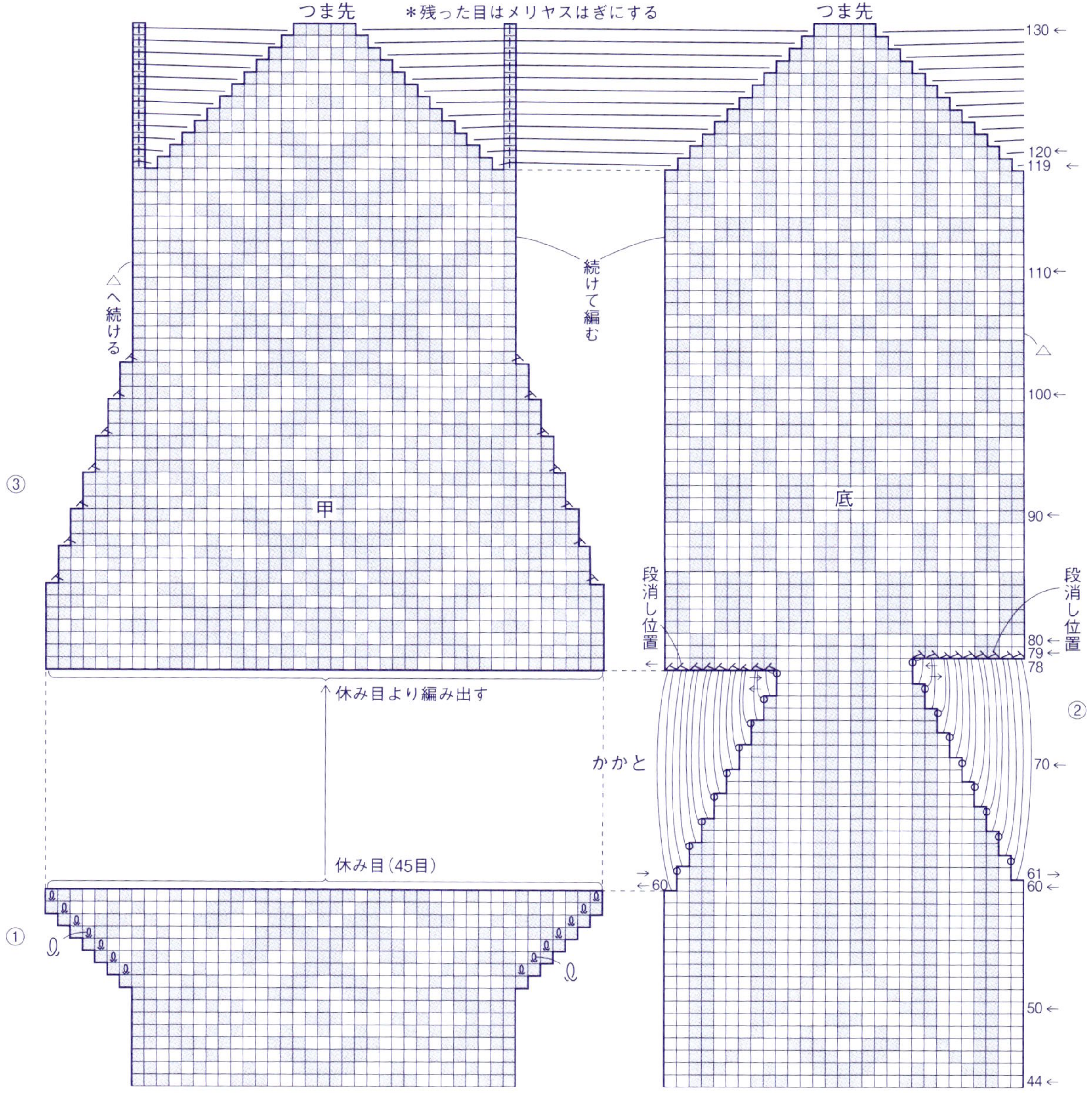

配色 { □ =クリーム色 / ■ =黒 }

□ =表目

－ =裏目

○ =かけ目

⋌ =左上2目一度

⋋ =右上2目一度

木 =中上3目一度

=左上ねじり目

=右上ねじり目

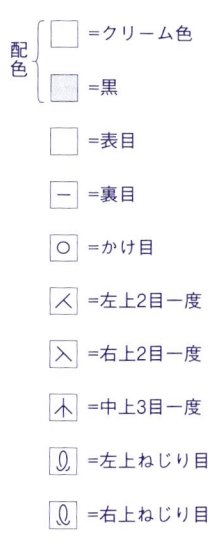

T

p.98

【材料】ハマナカ　ソノモノツィード（並太タイプ）の生成り（71）80g

【用具】3号棒針

【ゲージ】模様編み31目38段、メリヤス編み26目38段が10㎝四方

【でき上り寸法】はき丈約18㎝、足底サイズ約21㎝、足甲回り約21㎝

▶別鎖の作り目で65目作って編み始めます。この部分は、最後に鎖をほどき、表側が裏目になるように、裏編みを編みながら伏止めにします。

はき口からかかとの手前までは模様編み、かかと、底、つま先はメリヤス編みで編みますが、甲の部分は模様編みを続けて編みます。

かかとは【ボックス型のかかと＋引返し編みのかかと底（30ページ）】、つま先は【均等に減らす形(8等分・32ページ)】の応用です。

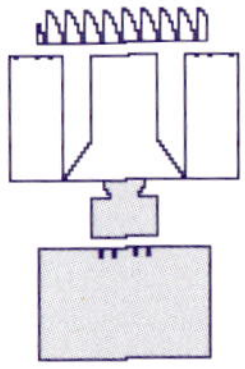

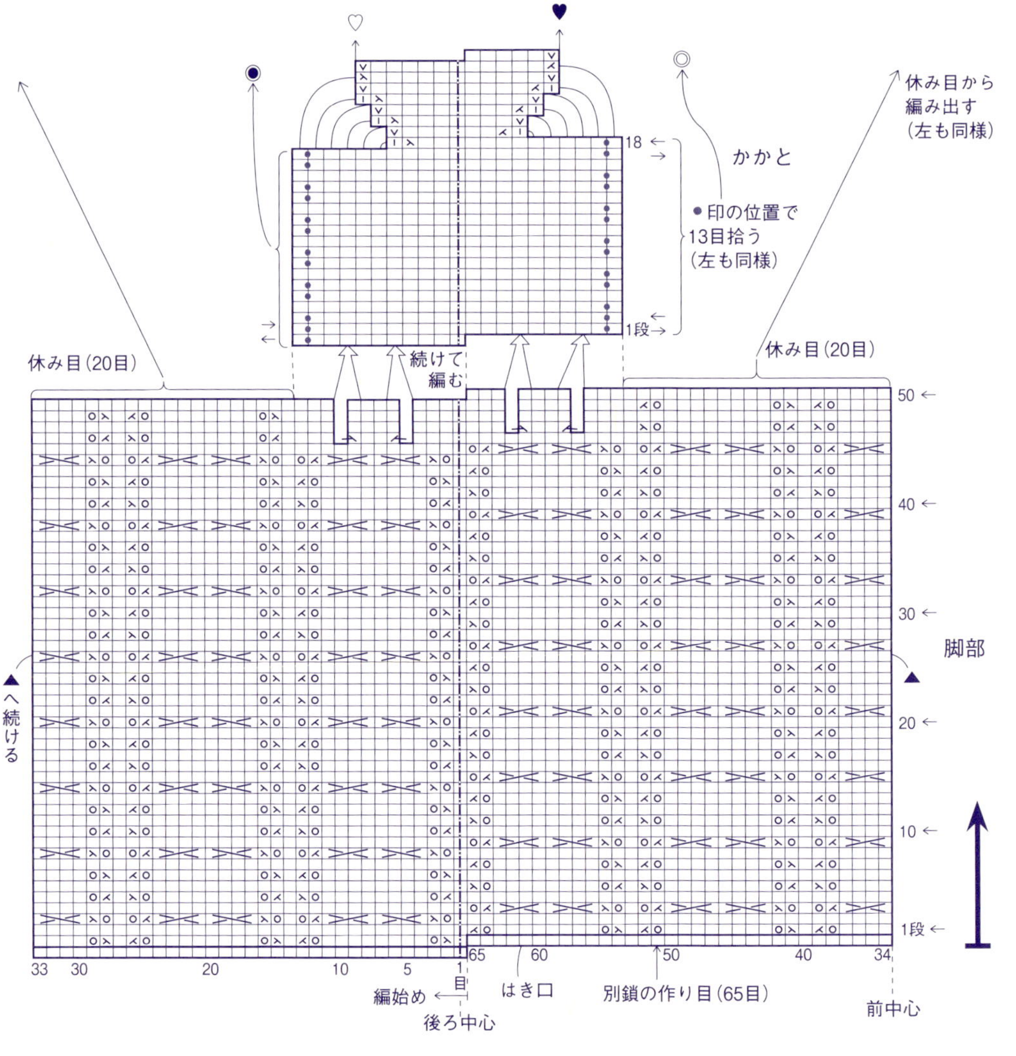

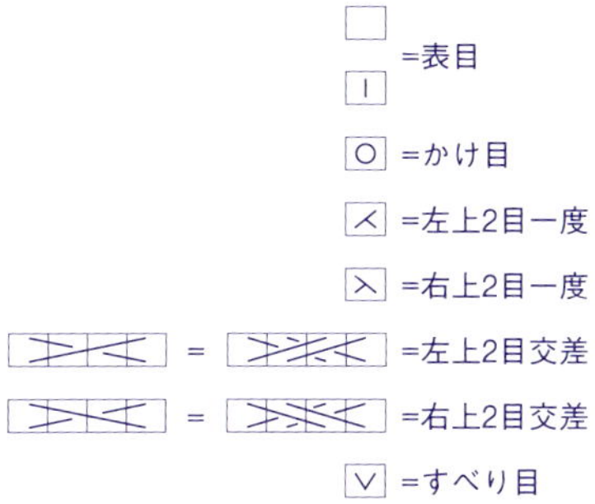
=表目
=かけ目
=左上2目一度
=右上2目一度
=
=左上2目交差
=
=右上2目交差
=すべり目

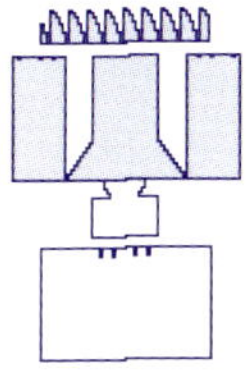

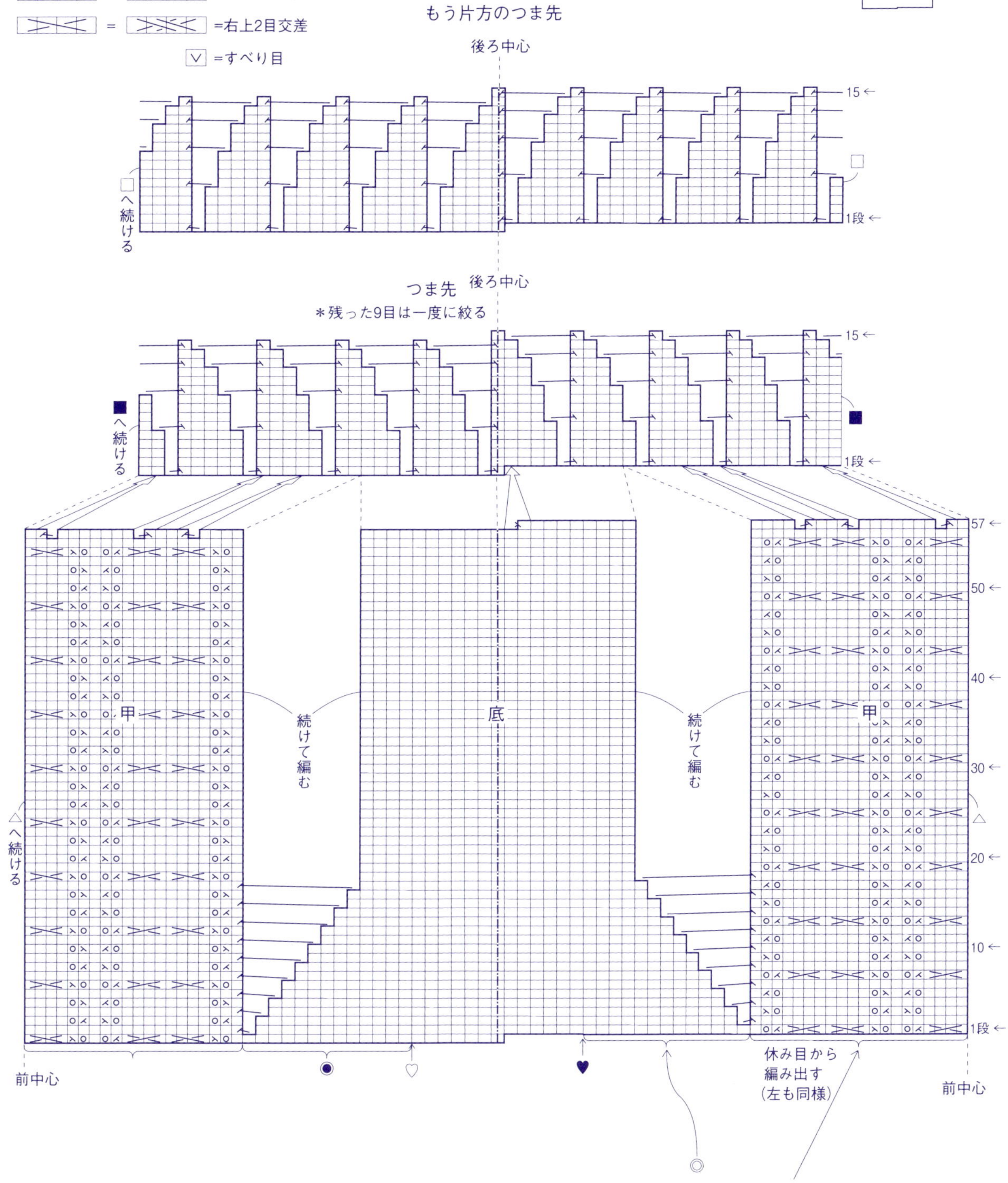
もう片方のつま先
後ろ中心
15 ←
1段 ←
へ続ける
つま先
＊残った9目は一度に絞る
後ろ中心
15 ←
へ続ける
1段 ←
57 ←
50 ←
40 ←
30 ←
20 ←
10 ←
1段 ←
甲
底
甲
続けて編む
続けて編む
へ続ける
前中心
休み目から
編み出す
（左も同様）
前中心

U

p.100

【材料】シェットランド製フェアアイル毛糸（2プライ・ジャンパー・ウェイト・中細タイプ）の炭茶（FC58）40g、ミックス緑（FC12）35g、コーン（FC43）25g、薄ピンク（FC50）10g、薄緑（FC62）10g

【用具】1号、2号棒針、2/0号かぎ針

【ゲージ】編込み模様（2号棒針）37目37段が10cm四方

【でき上り寸法】はき丈約22cm、足底サイズ約23cm、足甲回り約21cm

▶編始めは、任意または別鎖の作り目で78目作り、2号棒針で輪にしてフェアアイルの編込み模様を編みます。

フェアアイルの編込み模様で、裏の糸渡りが長いところは、裏面で、編んでいるほうの糸に休ませている糸を、途中で1か所交差させてもいいでしょう。

かかとは【ボックス型のかかと＋引返し編みのかかと底（30ページ）】の変形です。つま先は【両サイドで均等に減らす方法（23ページ）】です。残った20目と20目は色、柄が合うようにして、裏から引抜きはぎにします。

はき口は、作り目からミックス緑で78目拾い、1号棒針で13段1目ゴム編みを編みます。その後表目のみで2段、糸を炭茶に替えて表目で1段編みながら目と目の間からねじり増し目で6目増し目します（13目ごとに6回）。84目で、折返し部分として1目ゴム編みを15段編み、最後に図のように、かぎ針でピコットを編みつけます。

もう片方を編むときは、編み方図どおりに編んだものと柄が対称になるように編みます（100、104ページの写真を参照）。

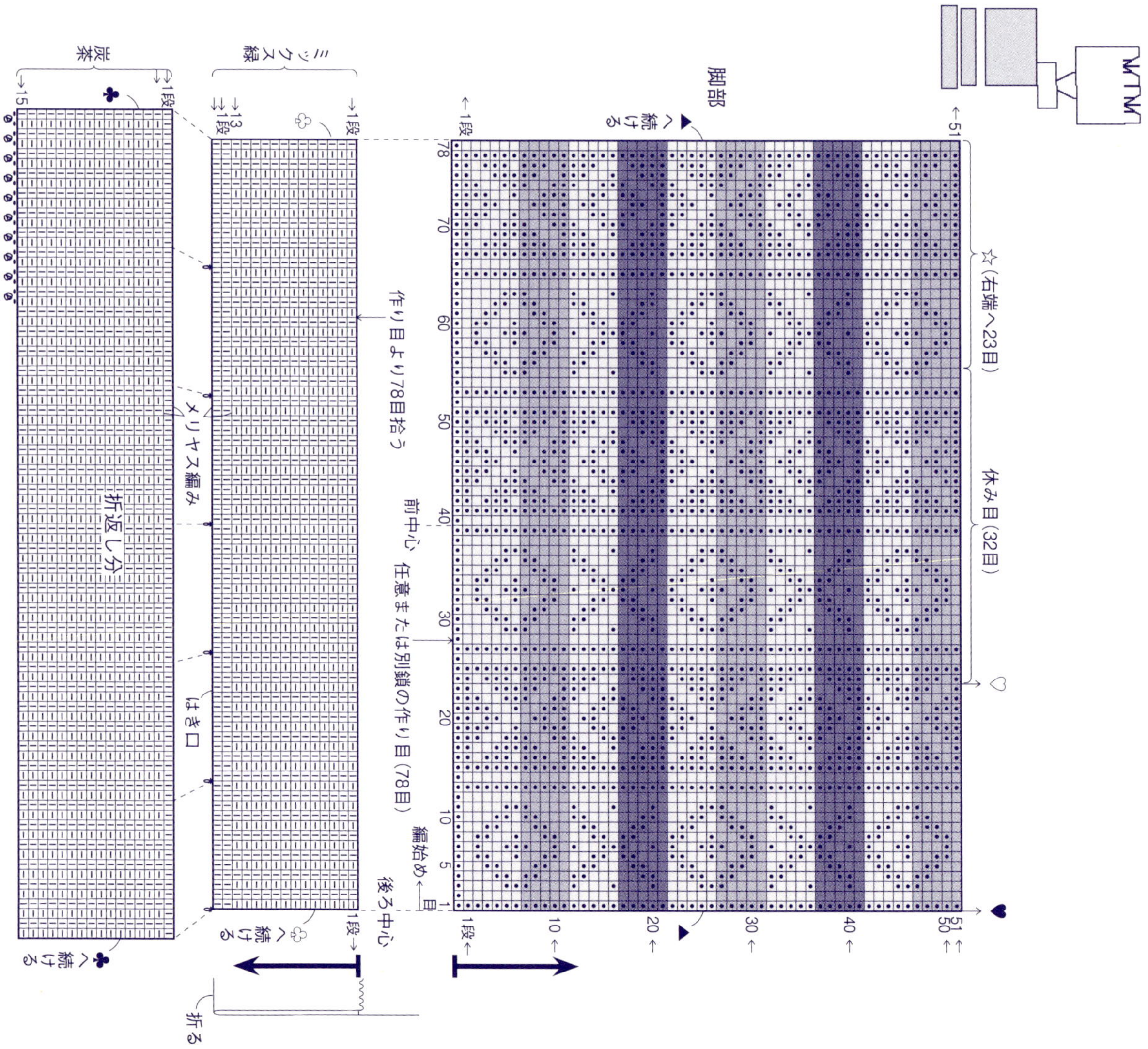

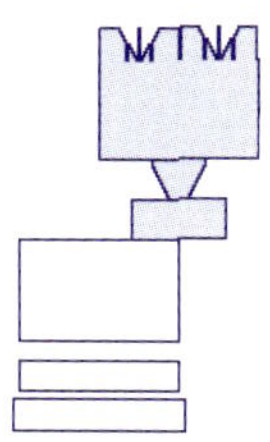

糸の配色

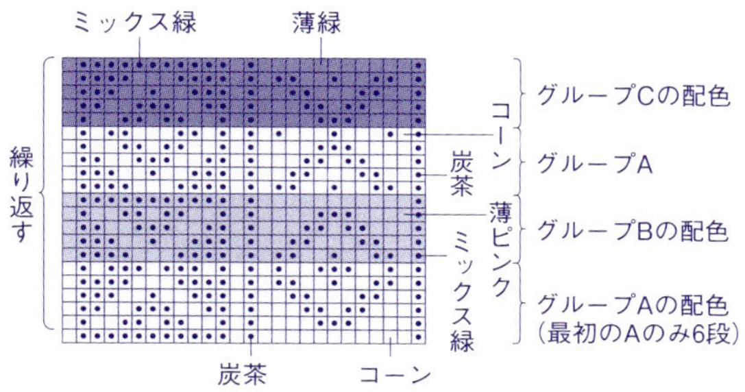

棒針の引抜きはぎ

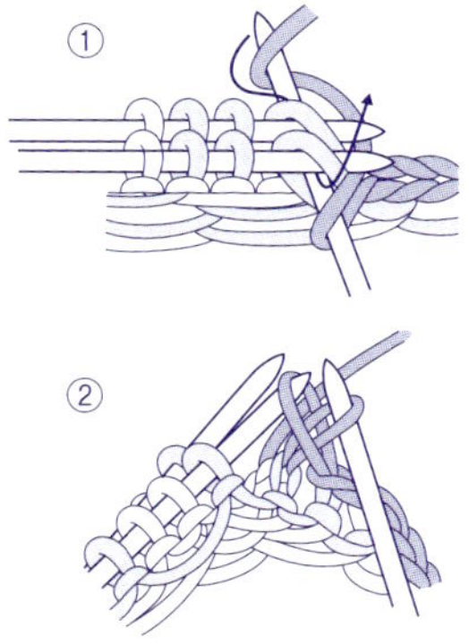

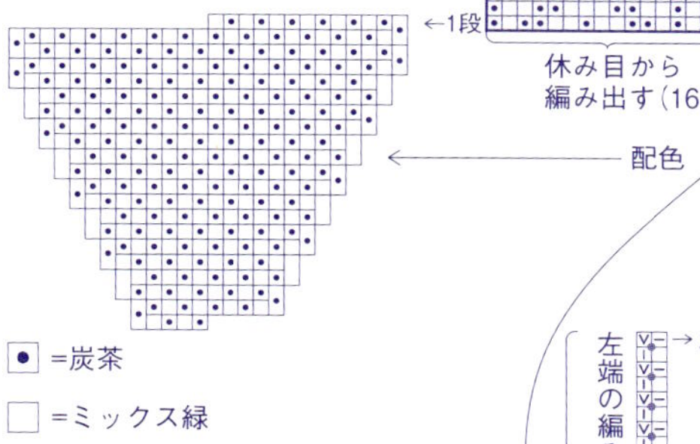

＊残った目は色、柄が合うように裏から引抜きはぎにする

＊もう片方は模様が対称になるように編む

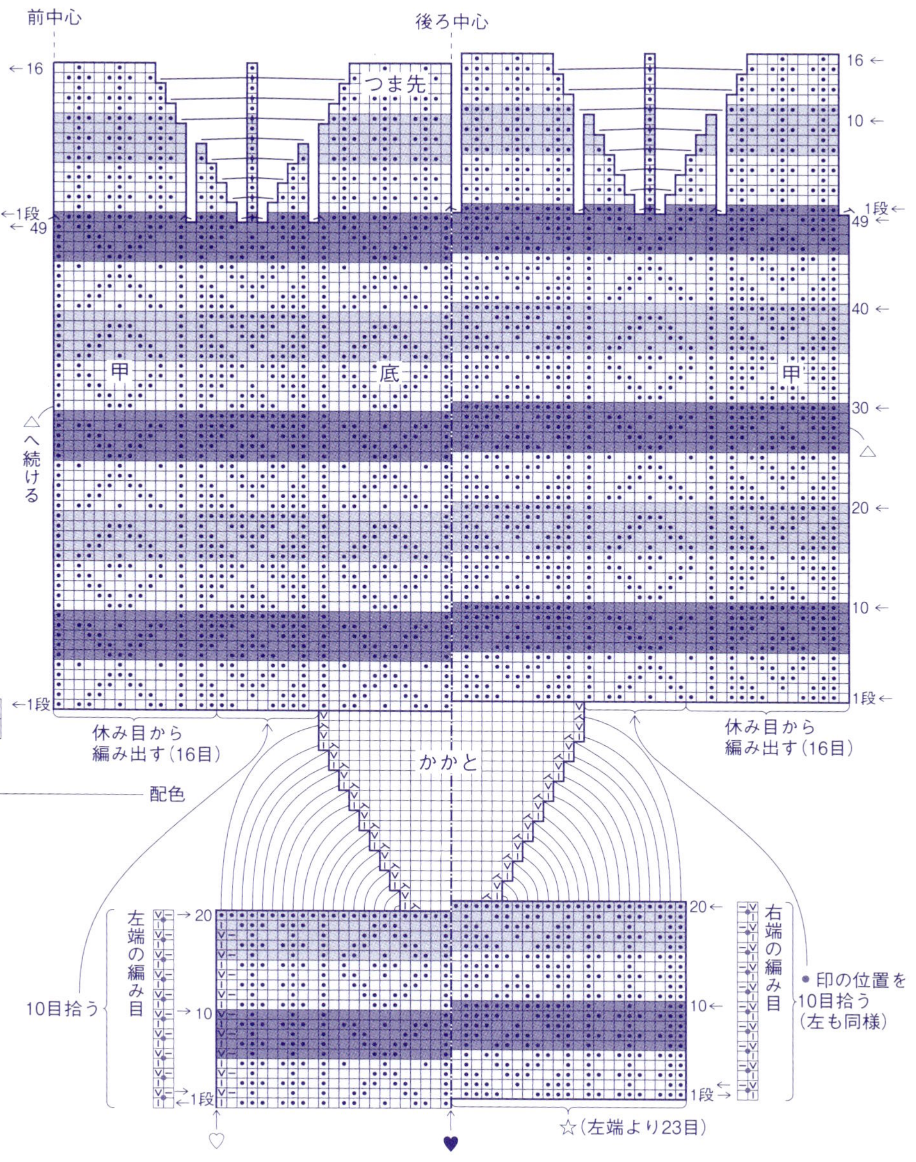

| =表目

□ =表目

－ =裏目

V =すべり目

⋌ =左上2目一度

⋋ =右上2目一度

⋏ =中上3目一度

Q =ねじり増し目

○ =鎖編み

• =引抜き編み

V

p.101

【材料】シェットランド製フェアアイル毛糸（2プライ・ジャンパー・ウェイト・中細タイプ）の黒（2005）90g、マルチカラーファンシーヤーン（参考商品・中細タイプ）50g

【用具】4号、2号、1号棒針

【ゲージ】編込み模様（4号棒針）32目37段、 メリヤス編み（2号棒針）27目40段が10㎝四方

【でき上り寸法】はき丈約41㎝、足底サイズ約21.5㎝、足甲回り約21㎝

▶はき口は別鎖の作り目で96目作り、1号棒針で輪にして1目ゴム編みを20段編みます。ここで作り目の鎖編みをほどき、いったん別針に通し、編んできた針の内側に重ねて、手前と内側の1目ずつを左上2目一度の要領で編んでダブルにします。

模様編みは4号棒針で編みます。フェアアイルの編込みを編みながら、指示のあるところで裏目を入れる編み方です。途中、模様がくずれない位置で分散減し目をします。

模様が終わったところで、2号棒針に替えて最後までメリヤス編みにします。かかとは【ボックス型のかかと（台形タイプ・31ページ）】、つま先は【両サイドで均等に減らす方法（23ページ）】で編みます。残った目は裏返して、引抜きはぎにします。

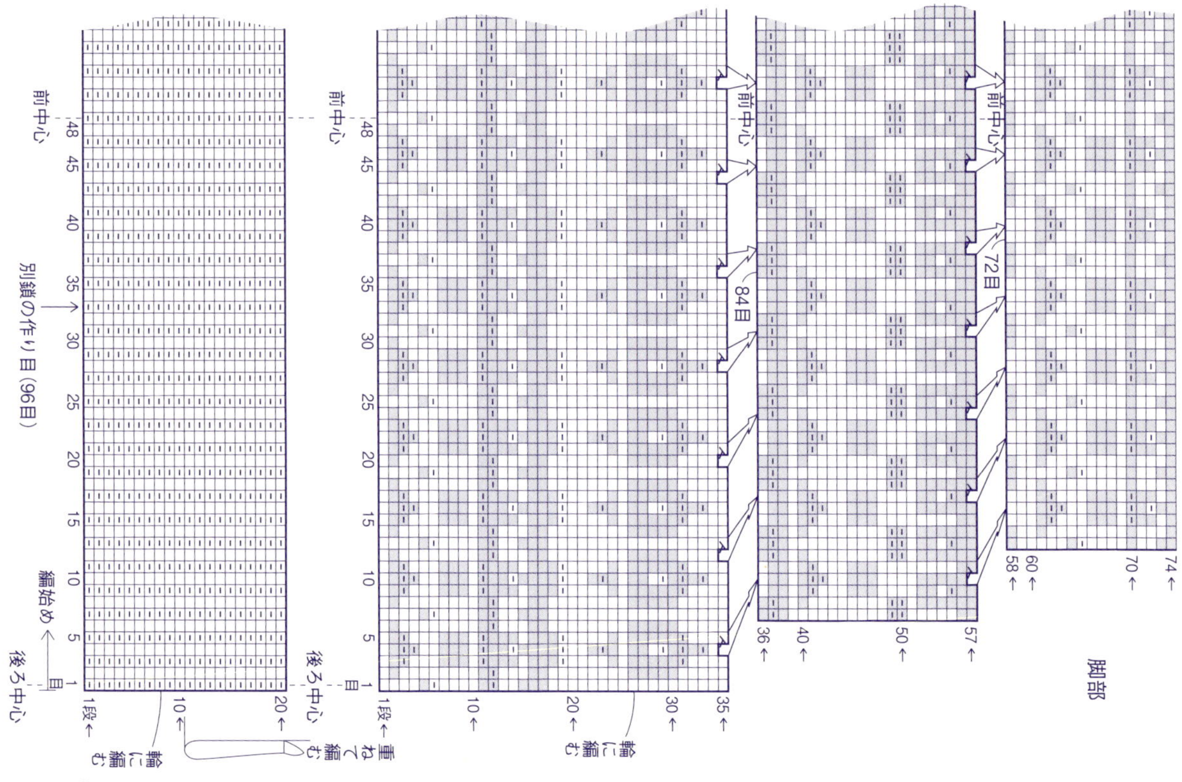

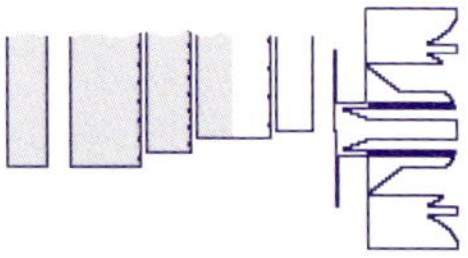

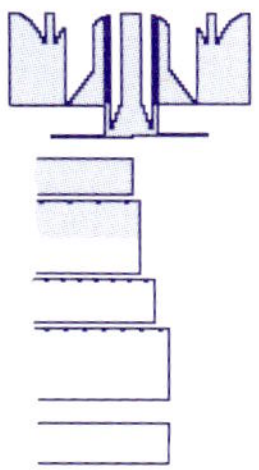

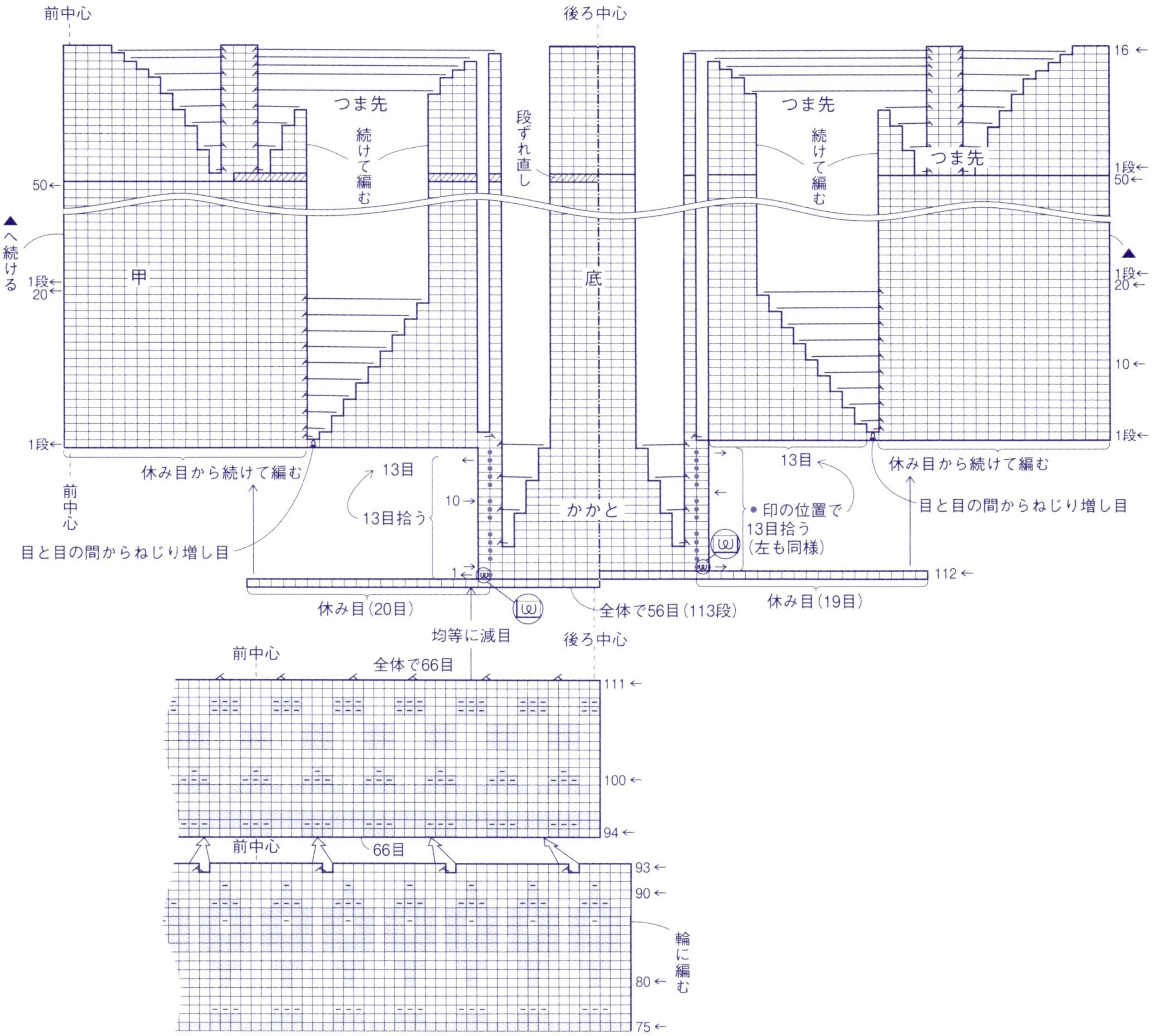

配色
- □ =黒
- ▒ =マルチカラー

- □ =表目
- ⊟ =裏目
- ⋏ =左上2目一度
- ⋋ =右上2目一度
- Ꞷ =巻き目
- Ꝋ =ねじり増し目

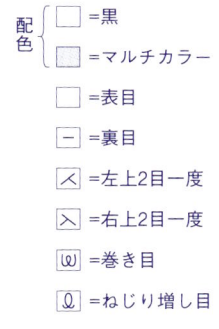

W

p.102

【材料】パピーニュー４ＰＬＹ（中細タイプ）の薄ピンク（412）150g
【用具】４号（作り目のみ）、１号棒針
【ゲージ】メリヤス編み32目40段が10㎝四方
【でき上り寸法】はき丈約40㎝、足底サイズ約22㎝、足甲回り約21㎝

▶はき口側は、指で針にかける作り目で92目作り、１号棒針で輪にしてメリヤス編みを８段編みます。９段めでかけ目と左上２目一度を繰り返し、その後、９段メリヤス編みにします。この部分は、後から内側に折り込んでまつります。92目から４目平均に増し目をして96目にし、模様編みを始めます。
このソックスは、後ろ中心でふくらはぎのふくらみを出すために、まちを編んでいます。編み方図のように木の葉形のまちの中央部分で増し目と減し目をして編んでください。かかとと底、つま先のみメリヤス編みで、他の部分は模様編みがつながるように編みます。
かかとは【ボックス型のかかと＋四角いかかと底（26ページ）】、つま先は【両サイドで均等に減らす方法(23ページ)】です。

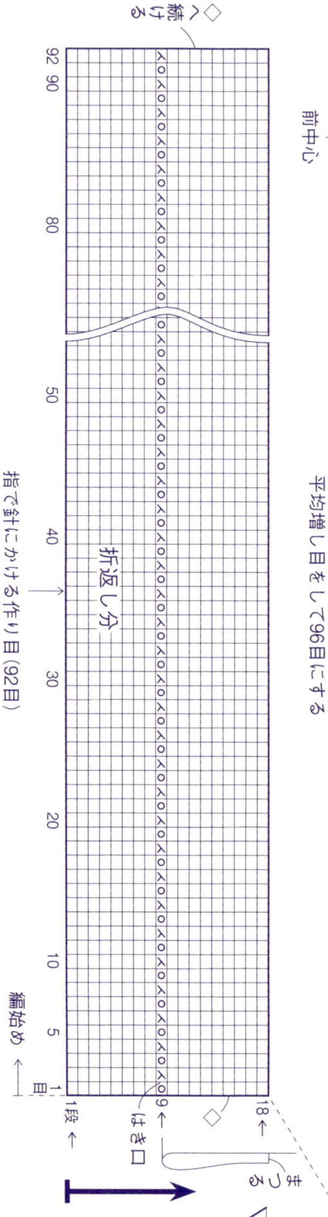

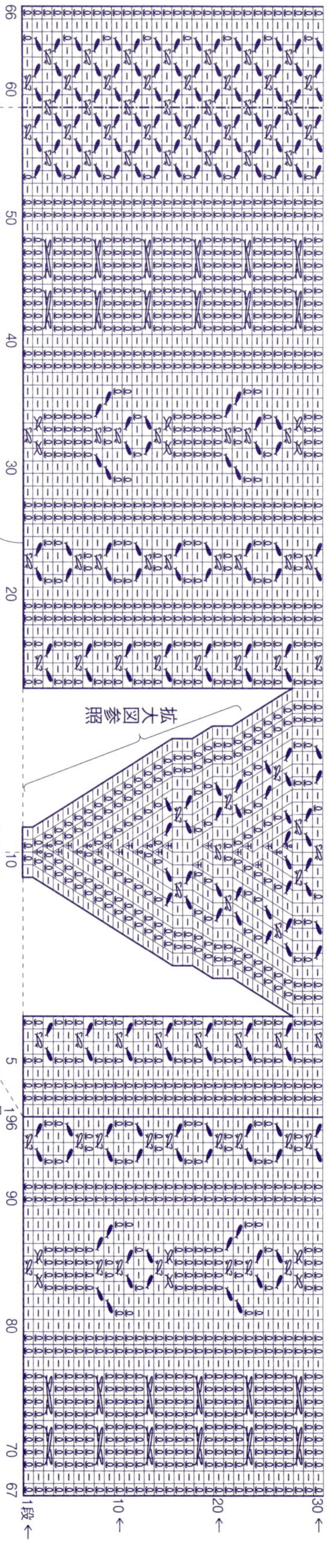

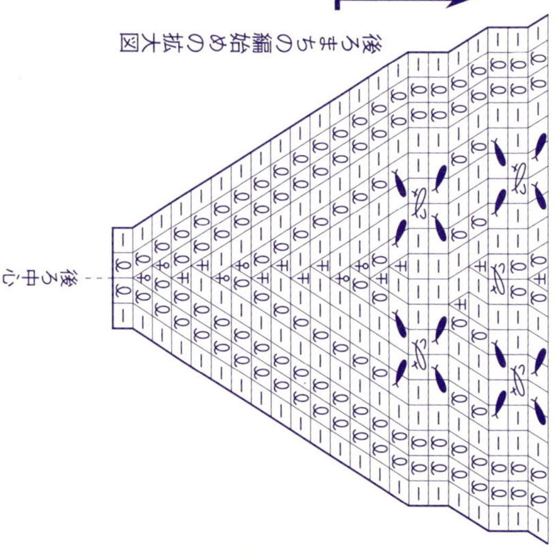

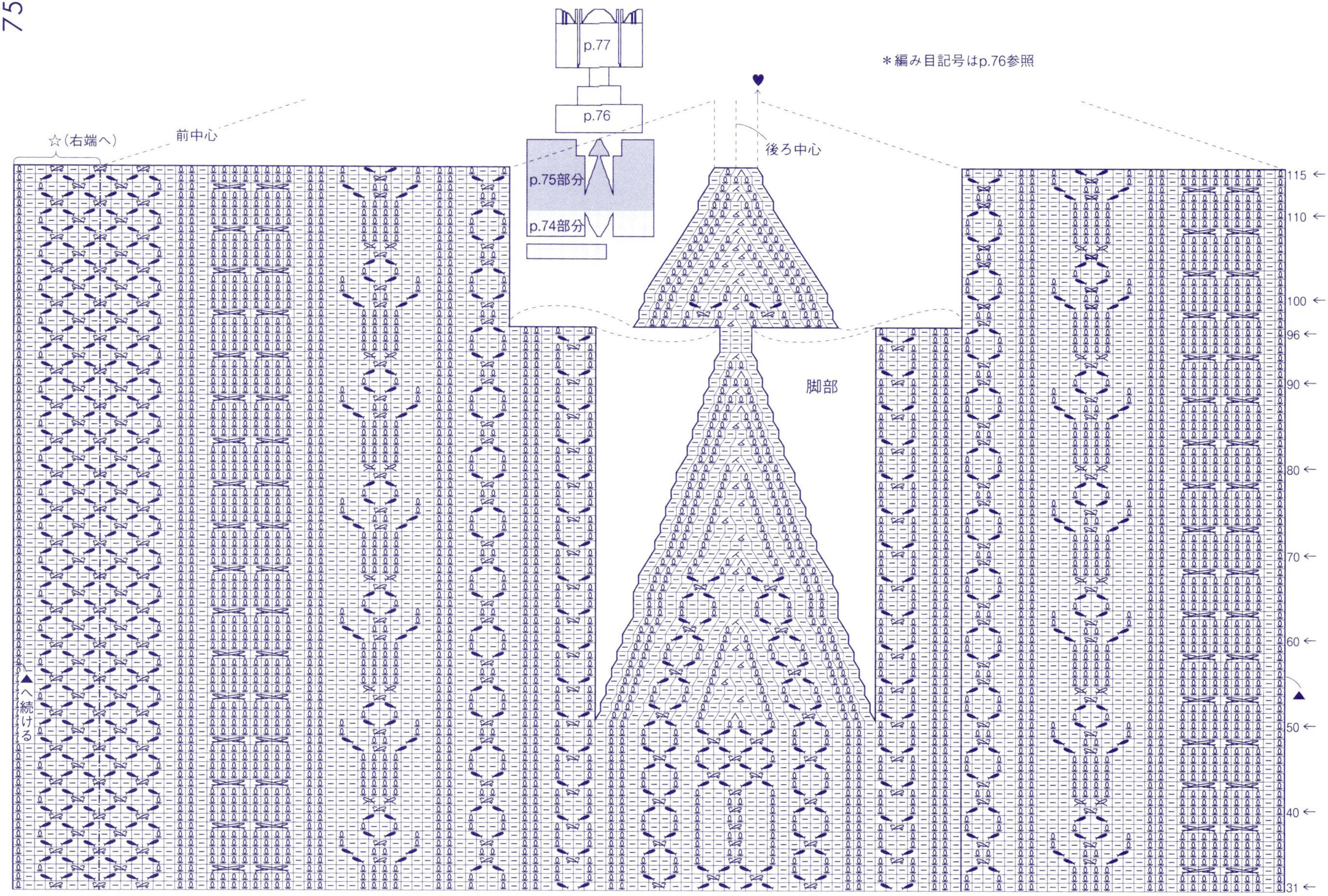

＊編み目記号はp.76参照

=ねじり目の左上1目交差（下側裏目）

=ねじり目の右上1目交差（下側裏目）

=ねじり目の左上1目交差（下側表目）

=ねじり目の右上1目交差（下側表目）

=ねじり目の左上2目交差

=ねじり目の右上2目交差

│ =表目

－ =裏目

=表目のねじり目

=左上2目一度

=右上2目一度

=左上2目一度（裏目）

=右上2目一度（裏目）

=ねじり目の2目一度（表目）

=ねじり目増し目（表目）

=ねじり目増し目（裏目）

=ねじり目の左上1目交差

=ねじり目の右上1目交差

V =すべり目

○ =かけ目

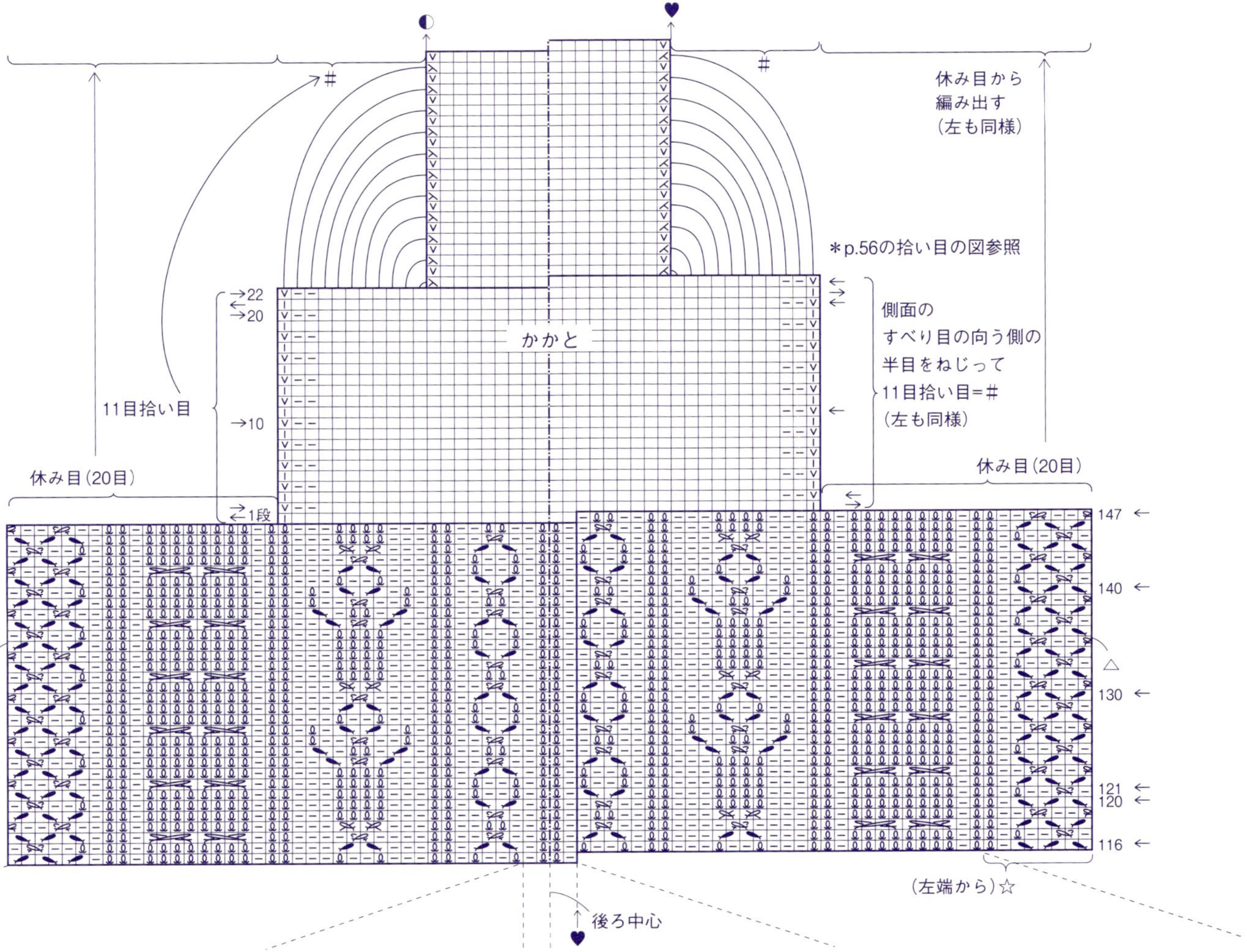

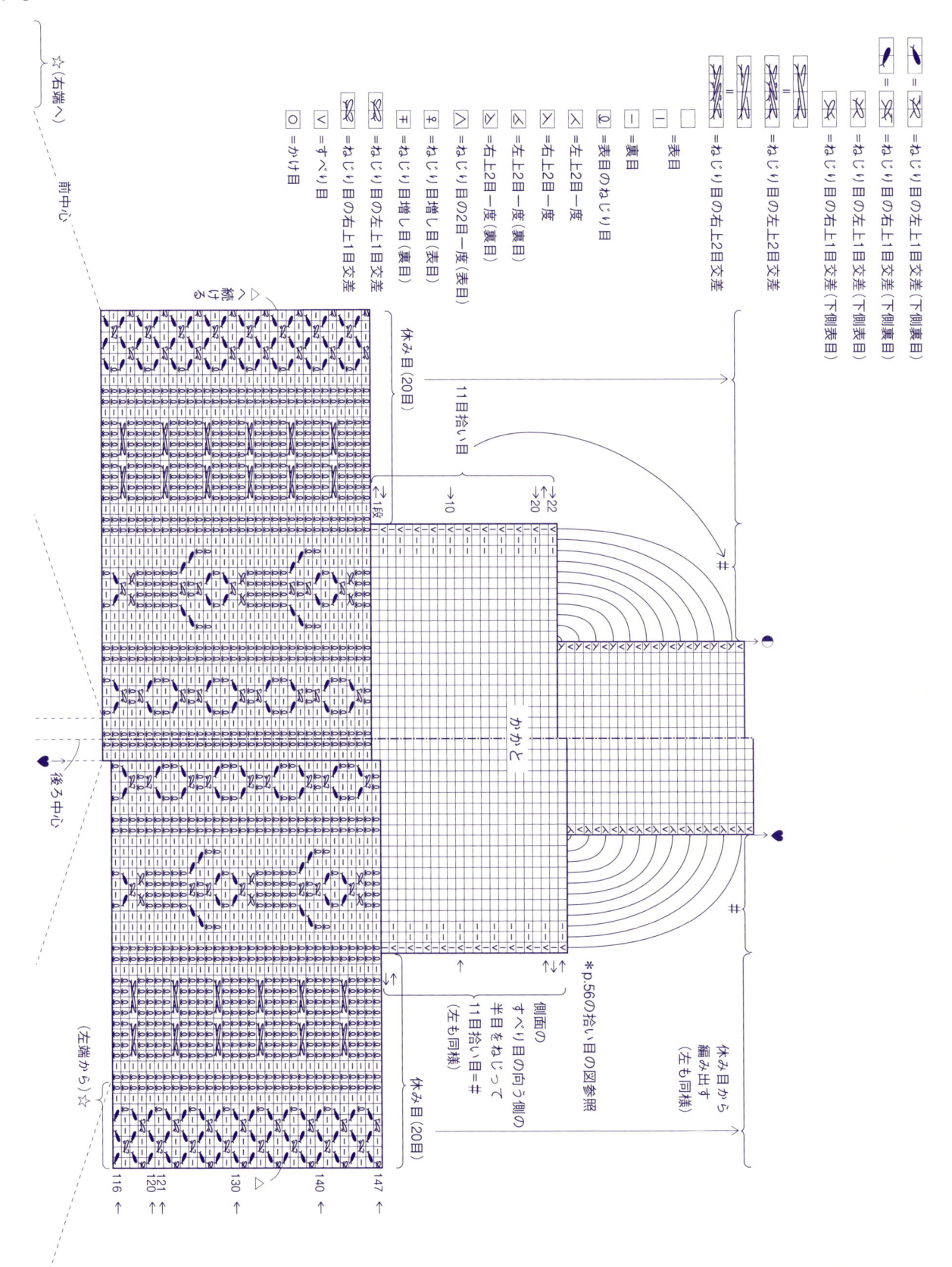

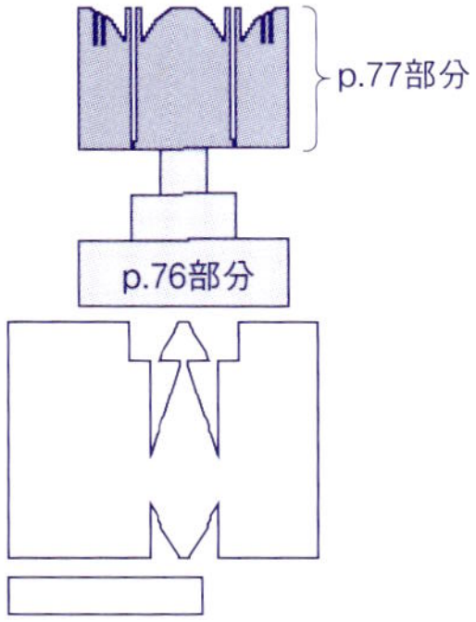
p.77部分
p.76部分

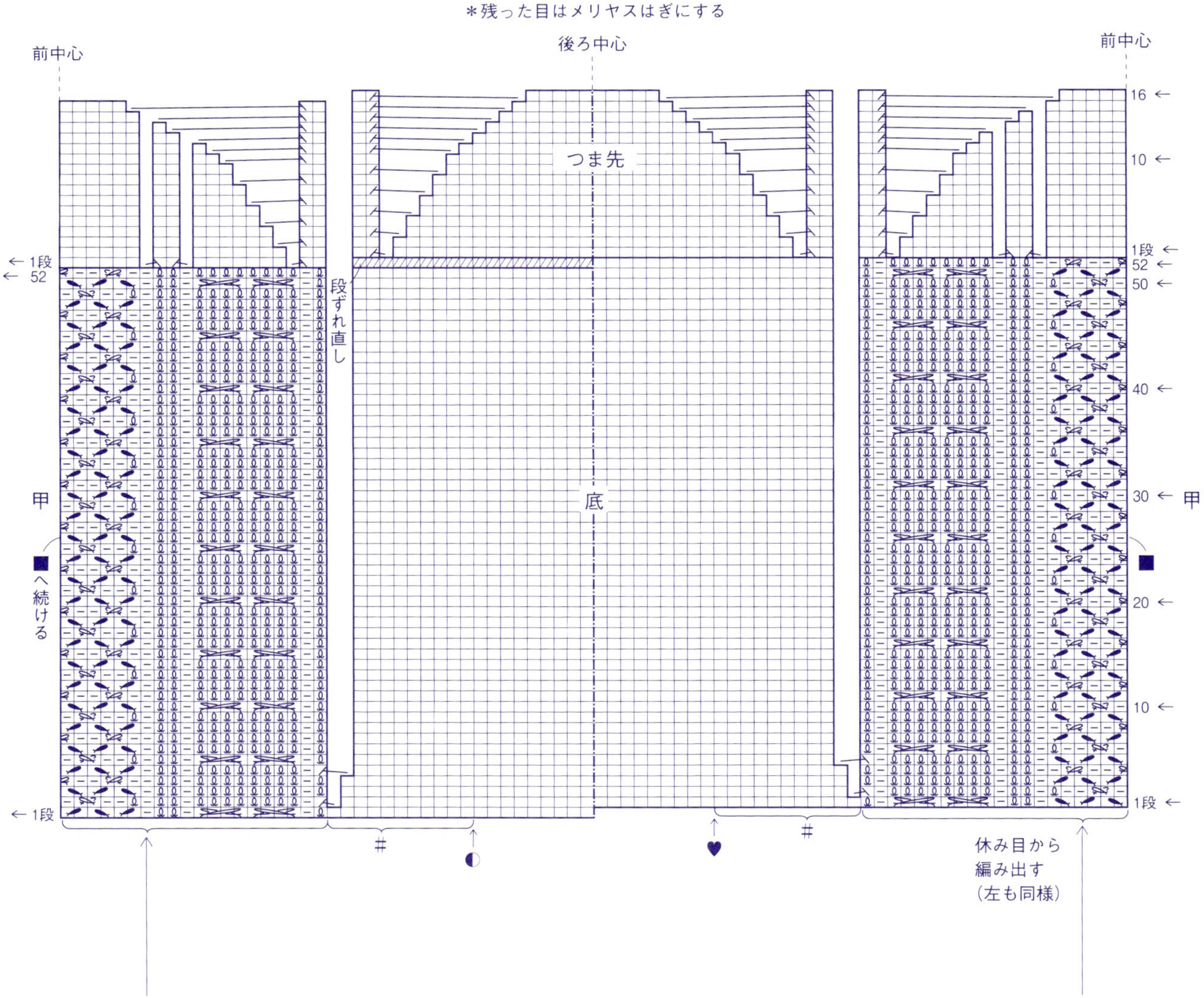
*残った目はメリヤスはぎにする
前中心
後ろ中心
前中心
つま先
底
段ずれ直し
16 ←
10 ←
1段 ←
52 ←
50 ←
40 ←
30 ← 甲
20 ←
10 ←
1段 ←
← 1段
← 52
← 1段
甲
■へ続ける
■
#
#
休み目から
編み出す
（左も同様）

p

p.90

【材料】 スウェーデン製オステルヨートランド　ヴィーシェー（中細タイプ）の黒110g、オンブレ（中細タイプ）の赤系70g
【用具】 2号、3号棒針
【ゲージ】 メリヤス編み（3号棒針）29目40段が10㎝四方
【でき上り寸法】 はき丈約39㎝、足底サイズ約21㎝、足甲回り約21㎝

▶編み方順序は、始めに脚部のバスケット編みをし、かかとからつま先、はき口の順に編みます。バスケット編みは、最初、三角形のモチーフ8枚を続けて1周（1列め）、次に四角いモチーフを前列から拾いながら編みつけて1周する（2列め～20列め）ことを繰り返します。

【かかと～つま先の編み方】
編み方図は80ページに。モチーフe側から黒で均等に60目拾い（拾い目はできるだけ、メリヤス目がつながるように針を入れるときれい）、メリヤス編みで図のようにつま先まで編みます。かかとは【引返し編みの方法（15ページ）】、つま先は【両サイドで均等に減らす方法（23ページ）】で編み、残った目はメリヤスはぎにします。

【はき口の編み方】
2号棒針でモチーフaの側から均等に96目拾い、裏編み1段、両面ねじり1目ゴム編みを12段編んで編終りを1目ゴム編み止めにします。

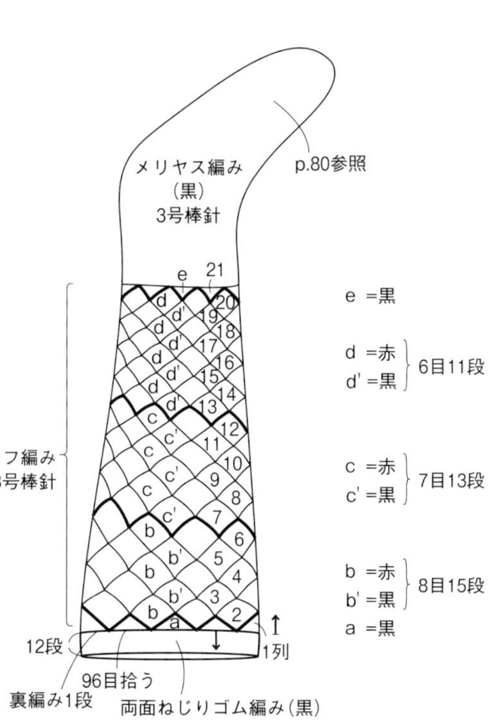

バスケット編み

【3列め・モチーフb'（黒）】
色を変え、モチーフb'の編始め位置から、bの側面の、1目内側を8目拾います。裏側から拾うことになるので、編み地の表側から針を入れて、裏目を編むように糸をかけて目を拾います。前段のモチーフと2目一度でつなぎながら15段編みます。同様に続けて計8枚編んで1周したら糸を切り、編始めの糸と結んでおきます。
以後、8目×15段のb（赤）とb'（黒）を繰り返し、6列めまで編み進みます。

【2列め・モチーフb（赤）】
新しい糸でモチーフbの編始め位置から、aの側面の、1目内側を8目拾います（・印を拾う。この拾い目＝編み出した目がモチーフbの1段めになる）。モチーフaと2目一度でつなぎながら15段編みます。1枚めが編めました。同様に計8枚編んで1周したら、いったん糸を切り、編始めの糸と結びます。

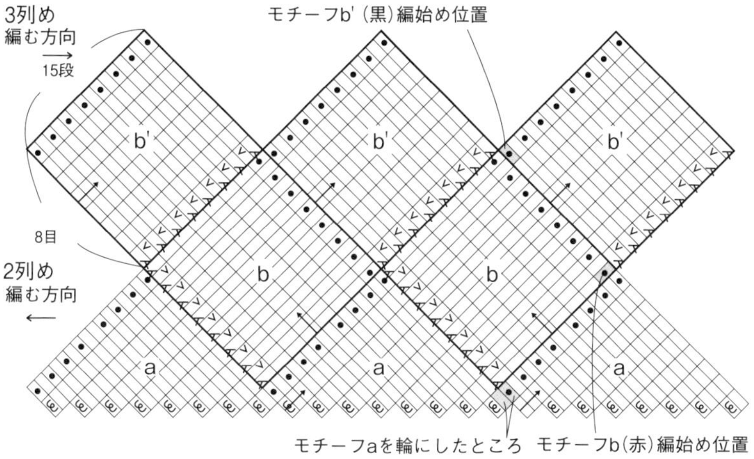

【1列め・モチーフa（黒）】
〈1枚め〉
1段め　指で針にかける作り目2目
2段め　裏編み2目
3段め　巻き増し目1目、表編み2目
4段め　裏編み3目
5段め　巻き増し目1目、表編み3目
≀　　同様に繰り返します。
16段め　裏編み9目
〈2枚め〉
1段め　巻き増し目1目、表編み1目。1枚めの残りの8目は針に残したままにしておきます。
2段め　裏編み2目
3段め　巻き増し目1目、表編み2目
≀
同様に繰り返し、モチーフを8枚編んで、いったん糸を切り、編始めと終りの糸を結び、輪にします。

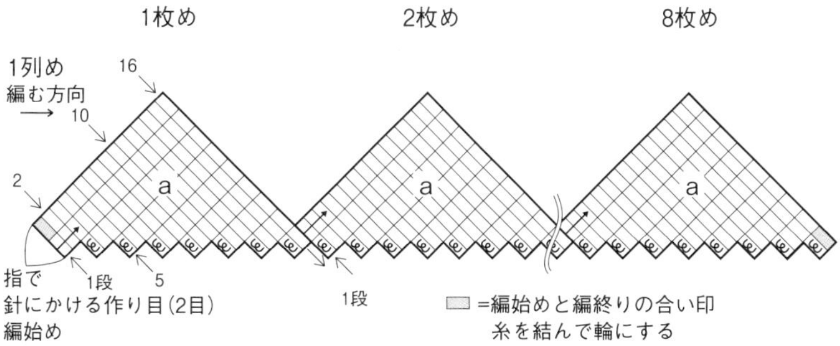

【21列め・モチーフe(黒)】

モチーフeの編始め位置から、モチーフdの側面を6目拾い、図のように2目一度で伏せながら編みます。2枚めからは1枚めの最後の目が次のモチーフの1目めになるので、5目拾って6目とし、編み進めます。1周したら編終りの目は糸を切って引き抜き、編始めの糸と結びます。以上でモチーフ部分が完成しました。

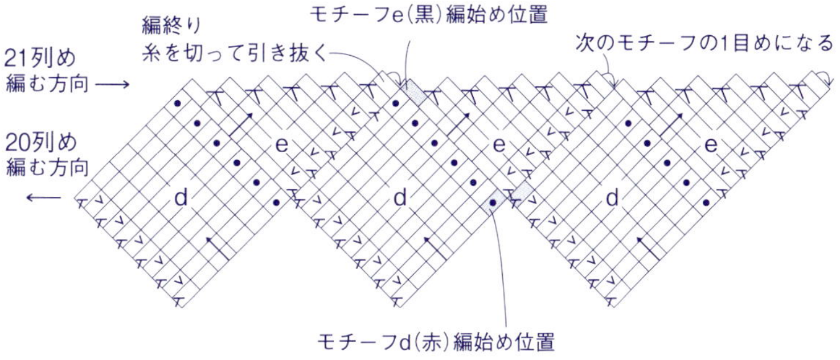

【14列め・モチーフd(赤)】

モチーフdの編始め位置から、d'の側面を6目拾います。前列のモチーフd'と2目一度でつなぎながら11段編みます。1枚めが編めました。同様に続けて計8枚編んで1周したら糸を切り、編始めの糸と結んでおきます。以後、6目×11段のd'(黒)とd(赤)を繰り返し、20列めまで編み進みます。

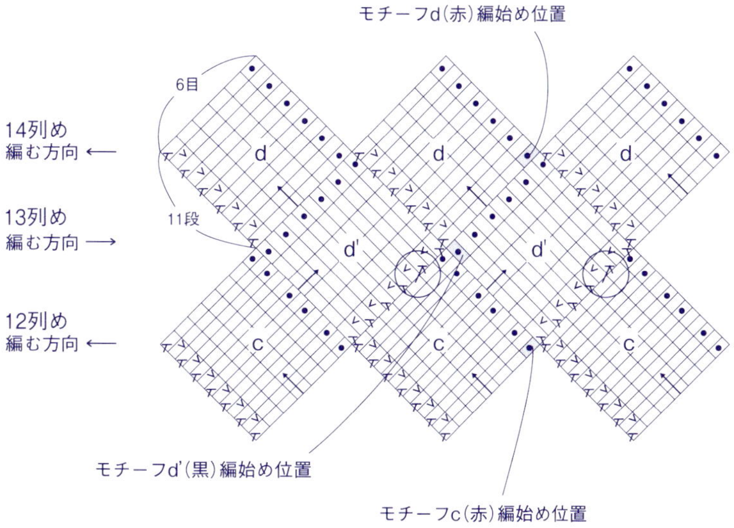

【13列め・モチーフd'(黒)】

模様の大きさが変わるので、減目の位置に注意します。

モチーフd'の編始め位置から、cの側面を6目拾います。前列のモチーフcと2目一度でつなぎながら8段編み、9段めで3目一度(○印の部分)でつなぎ、11段編みます。1枚めが編めました。同様に続けて計8枚編んで1周したら糸を切り、編始めの糸と結んでおきます。

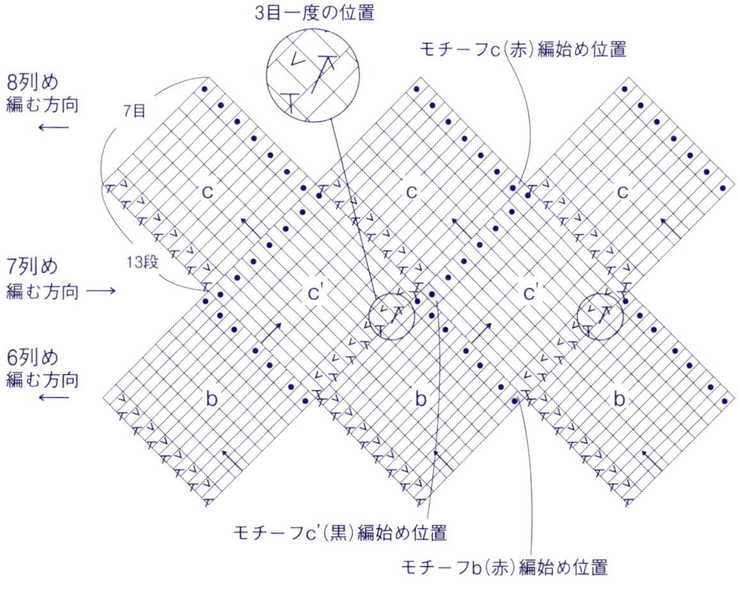

【8列め・モチーフc(赤)】

モチーフcの編始め位置から、c'の側面を7目拾います。前列のモチーフc'と2目一度でつなぎながら13段編みます。1枚めが編めました。同様に続けて計8枚編んで1周したら糸を切って、編始めの糸と結んでおきます。

以後、7目×13段のc'(黒)とc(赤)を繰り返し、12列めまで編み進みます。

【7列め・モチーフc'(黒)】

模様の大きさが変わるので、減目の位置に注意します。

モチーフc'の編始め位置から、bの側面の1目内側を7目拾います。前列のモチーフbと2目一度でつなぎながら10段編み、11段めで3目一度(○印の部分)でつなぎ、13段編みます。1枚めが編めました。同様に続けて計8枚編んで1周したら糸を切り、編始めの糸と結んでおきます。

P,Q のかかととつま先

□ | =表目

=巻き目

=左上2目一度

=右上2目一度

=すべり目

=かけ目

=かけ目してすべり目（左側の場合）

=かけ目してすべり目（右側の場合）

＊残った目はメリヤスはぎにする

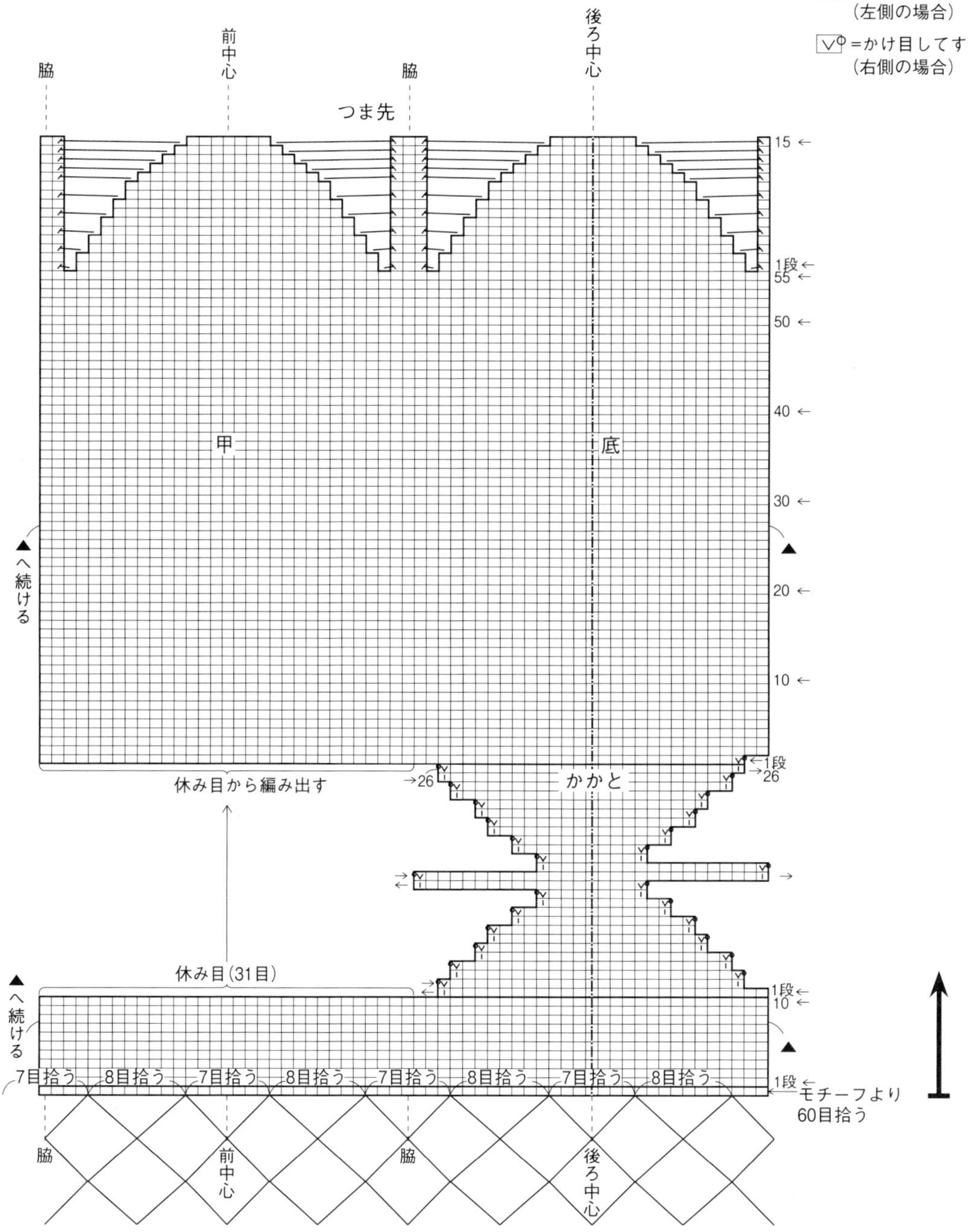

J

つま先を足袋の形に
アレンジ。
編込み模様の配色は
自由な色で
HOW TO KNIT … p.52

K

足袋形なので、
模様も和風に
井桁絣にして

HOW TO KNIT ... p.54

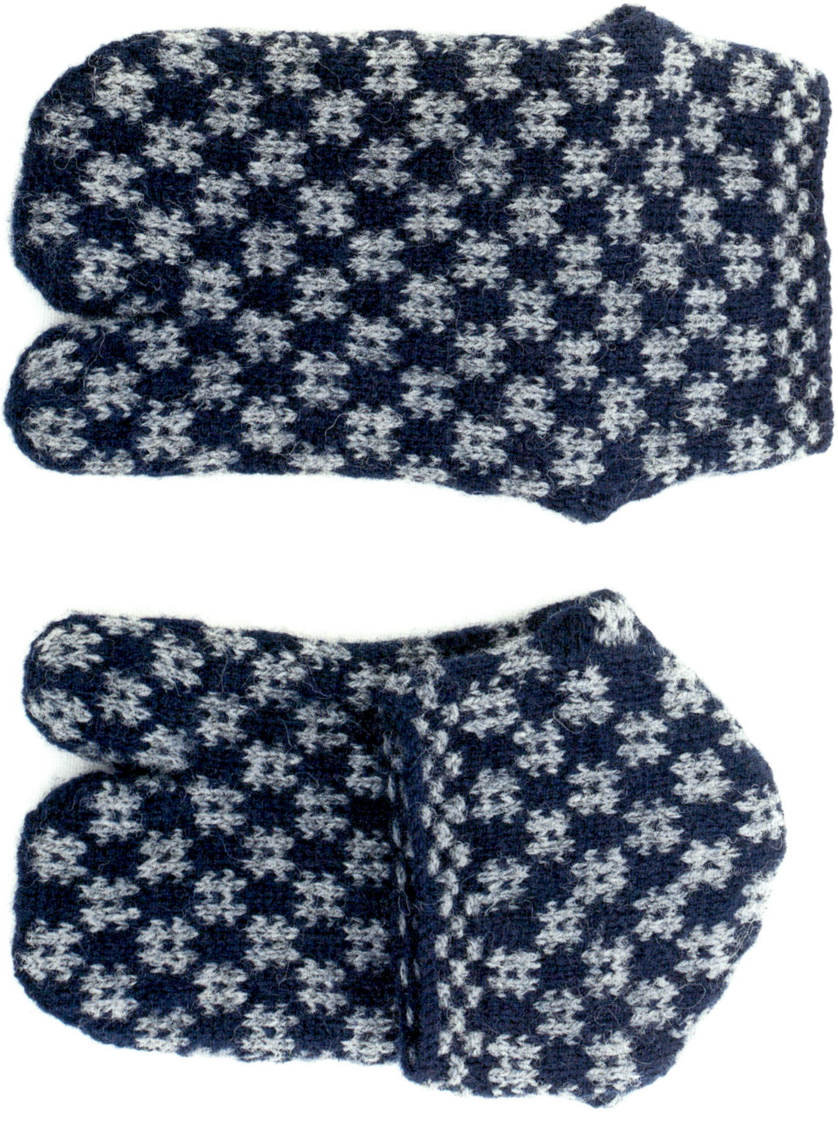

きもの姿だけでなく、
カジュアルに
楽しんで。
新しいソックスの形

L

ダイヤ柄と縄編みを
組み合わせた
アラン模様で

HOW TO KNIT ... p.56

手編みのソックスを
見せたくて、
冬もサンダルです

M

いくつかの北欧風の
柄を合わせて、
２色で
フェアアイルの
編込み模様

HOW TO KNIT … p.58

ふくらはぎの
上までの
長いソックスには、
後ろ中心に
まちを入れます

N

裏メリヤス編みの
ベースに、
縄を複雑に交差させた
模様で

HOW TO KNIT ... p.60

O

モノトーンで、
バイアスチェックを
細かく編み込んで

HOW TO KNIT ... p.62

P

2色で
バスケット編みにした
ハイソックス
HOW TO KNIT ... p.78

Q

多色の
グラデーションに
染めた毛糸で
バスケット編み

HOW TO KNIT ... p.51

P

バスケットの
モチーフの大きさを
３段階に変えて
太さの調節をします

HOW TO KNIT ... p.78

Q

バスケット編みは
ボリュームが
あるので、
足の部分は
メリヤス編みです

HOW TO KNIT ... p.51

R

細い毛糸で
繊細な
レース模様に
編みます

HOW TO KNIT ... p.64

はき口にも
フリルのような
レース編みをつけて
優しいソックスに

S

珍しいかかとの
編み方の、
エキゾティックな
形と柄で

HOW TO KNIT ... p.66

編込みの
ソックスは、
伸縮性は
少ないのですが、
暖かさは抜群です

T

縄編みと
透し模様を
交互に縞にして

HOW TO KNIT ... p.68

無地のソックスの
次に編みたい、
編むのも、はくのも
やさしいソックス

U

フェアアイルの
編込み模様。
はき口は
１目ゴム編みを
折り返しています

HOW TO KNIT ... p.70

V

マルチカラーの
ファンシーヤーンを
使って、裏目を
入れながら編込み。
変化のある表情を

HOW TO KNIT ... p.72

W

レリーフのように
ねじり目で
模様を際立たせた
ハイソックス

HOW TO KNIT ... p.74

ふくらはぎの
まちの模様に注目。
手編みならではの
テクニックで美しく

手編みのソックス

VARIATION

U

p.100のもう片方です。
はいたとき、
模様が
対称になるように
配置します

HOW TO KNIT ... p.70

嶋田 俊之 TOSHIYUKI SHIMADA

国内とロンドンの音楽大学大学院修了、各種ディプロマを取得。パリ、ウィーンで音楽を学び、コンクール等で受賞を重ね、演奏家として活躍する。学生時代よりクラフトに加えてニットを始め、ヨーロッパ滞在中に、ニットを中心とするテキスタイルを専門的に学び、各地の伝統技術の手ほどきも受ける。現在は、書籍などに作品を発表、TV出演や講師として幅広く活躍。フェアアイルニットやシェットランドレースなどを中心とする伝統ニットを特に得意とし、繊細な色づかいや作風で人気を集めるかたわら、近年は伝統ニットをベースに、自由な作風の作品群も発表、好評を得ている。著書に『裏も楽しい 手編みのマフラー』『手編みのてぶくろ』『シェットランド・レース』『バスケット編み』『ニットで奏でるエクローグ』(すべて文化出版局刊)がある。

デザイン・製作 ………… 嶋田俊之
ブックデザイン ………… 中島寛子
撮影 ………………………… 森本美絵　藤本 毅(プロセス・B.P.B.)
スタイリング ……………… 堀江直子
モデル ……………………… miyu
製作協力 ………………… 大坪昌美　岡見優里子
髙野昌子　平田礼子

【材料提供】

●**ダイドーフォワード　パピー事業部**
☎03-3257-7135
http://www.puppyarn.com/
●**ハマナカ**　☎075-463-5155　http://www.hamanaka.co.jp/
●**ておりや**(オリジナル糸、スウェーデン糸)
☎06-6353-1649　http://www.teoriya.net
●**ホビーラホビーレ**
☎0570-037-030　http://www.hobbyra-hobbyre.com/

【他の材料の入手先】

《スウェーデン糸》
●**ÖSTERGÖTLANDS ULLSPINNER**
http://www.ullspinneriet.com
●**きぬがさマテリアルズ**
http://www.kinumate.sakura.ne.jp

《シェットランド糸》
●**Jamieson & Smith**　http://www.shetlandwoolbrokers.co.uk

《アイルランド糸、シェットランド糸》
●**yarn room フラフィ**　☎06-7897-3911(担当・大坪)
受付は月曜のみ 13:00～18:00(祝日の場合は休み)

【撮影協力】

●**nest Robe　青山店**(ワンピース、パンツ、サンダル、シューズ)
☎03-6438-0717

手編みのソックス

2009年　9月27日　第1刷発行
2021年12月　3日　第13刷発行

著　者　嶋田俊之
発行者　濱田勝宏
発行所　学校法人文化学園 文化出版局
〒151-8524 東京都渋谷区代々木3-22-1
☎03-3299-2489(編集)　☎03-3299-2540(営業)

印刷・製本所　株式会社文化カラー印刷

文化出版局のホームページ http://books.bunka.ac.jp/